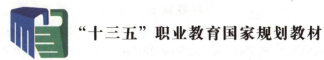

"十三五"职业教育国家规划教材

汽车发动机构造与拆装
（第2版）

主编 孔 超 董顺志

北京理工大学出版社
BEIJING INSTITUTE OF TECHNOLOGY PRESS

内容简介

本教材依据教育部汽车类相关专业教学标准和交通行业职业标准编写而成,结合汽车维修企业生产实践,力求体现以人为本的现代理念,从交通行业岗位群的知识和技能要求出发,注重培养学生实践操作能力。

本书内容主要包括:汽车发动机总体认识及发动机拆装前的准备、曲柄连杆机构构造与拆装、配齐机构构造与拆装、冷却系统的构造与拆装、润滑系统的构造与拆装、燃油供给系统的构造与拆装、进排气系统的构造与拆装,共计七个课题 14 个任务。

全书以任务为驱动,收集知识点,依照汽车维修作业项目的工艺流程,以拆卸—安装—检修—诊断为章节知识技能结构,提出技能要求,整体结构循序渐进,直观明了,充分考虑职业院校学生知识接受的发展规律,便于学生理论与实操的掌握。

版权专有　侵权必究

图书在版编目(CIP)数据

汽车发动机构造与拆装 / 孔超,董顺志主编. —2 版. —北京:北京理工大学出版社,2019.10
(2022.6 重印)

ISBN 978-7-5682-7752-5

Ⅰ.①汽… Ⅱ.①孔… ②董… Ⅲ.①汽车-发动机-构造-岗位培训-教材 ②汽车-发动机-装配(机械)-岗位培训-教材 Ⅳ.①U464

中国版本图书馆 CIP 数据核字(2019)第 239591 号

出版发行 / 北京理工大学出版社有限责任公司
社　　址 / 北京市海淀区中关村南大街 5 号
邮　　编 / 100081
电　　话 / (010)68914775(总编室)
　　　　　 (010)82562903(教材售后服务热线)
　　　　　 (010)68944723(其他图书服务热线)
网　　址 / http://www.bitpress.com.cn
经　　销 / 全国各地新华书店
印　　刷 / 北京佳创奇点彩色印刷有限公司
开　　本 / 787 毫米 × 1092 毫米　1/16
印　　张 / 10.75　　　　　　　　　　　　　　　　责任编辑 / 封　雪
字　　数 / 245 千字　　　　　　　　　　　　　　　文案编辑 / 封　雪
版　　次 / 2019 年 10 月第 2 版　2022 年 6 月第 6 次印刷　　责任校对 / 周瑞红
定　　价 / 42.50 元　　　　　　　　　　　　　　　责任印制 / 边心超

图书出现印装质量问题,请拨打售后服务热线,本社负责调换

前 言

随着汽车工业的快速发展，汽车保有量直线上升，汽车维修行业规模也在不断扩大。2019年6月我国汽车保有量已达2.5亿辆。随着汽车技术的发展，特别是建立在先进传感技术基础上的故障诊断系统在汽车上的广泛应用，各种现代化检测诊断仪器和维修技术也应运而生，现代汽车已发展成为机电一体化高科技载体。这给汽车维修业带来了极大的机遇和挑战，同时也对汽车维修人员的技术水平提出了更高、更新的要求。

为深入贯彻《国务院关于加快发展现代职业教育的决定》精神，积极推进课程改革和教材建设，校企"双元"合作开发教材，为职业教育教学提供更加丰富、多样的实用教材，适应经济发展、产业升级和技术进步，满足交通运输业科学发展的需要。北京理工大学出版社特邀请一批知名行业专家、学者以及一线骨干教师，按照"专业设置与产业企业岗位需求对接、课程内容与职业标准对接、教学过程与生产过程对接"的"三对接"要求，出版了该套图解版汽车职业教育系列教材。

本教材针对职业教育的特点和规律，紧紧围绕高素质技能型人才的培养目标，以能力为本位，以工作过程为导向，以职业活动为主线，以任务为驱动，引入全新的任务驱动式教学模式。本教材结构合理、层次清晰，将发动机系统的构造原理与其检修知识和技能进行了有机结合，并且在介绍发动机各个系统构造时插入大量结构图与实物图，更加有利于学生认知和学习，同时，发动机各系统检修与诊断采用"实物检修流程"图，将知识与技能融合进行二维转化，便于学生理解，降低故障诊断与检修知识与技能点的传授难度。

全书共分为7个课题14个学习任务：汽车发动机总体认识及发动机拆装前的准备、曲柄连杆机构构造与拆装、配齐机构构造与拆装、冷却系统的构造与拆装、润滑系统的构造与拆装、燃油供给系统的构造与拆装、进排气系统的构造与拆装。对于结构原理知识和拆装、检修、诊断技能，以实际结合，配备大量的图示说明，使学生按图索骥，更容易知识点理解和技能点的掌握，从而高质量的完成学习任务。

本教材在内容编写上具有以下特点：

1. 教材设计符合职业教育理念。本教材以就业为导向，强化文化基础教育和技术技能培养，符合高素质中、初级汽车专业使用人才培养需求。

2.任务目标清晰明确。每一个课题开始，设置学习任务，使学生在学习前能明确目标，从而在后面的学习中做到有的放矢。在课题中设置"思考与练习""课题小结"等内容，便于学生对课题设计知识内容的理解和记忆。

3.设置案例任务引领。每一个任务都有来源于岗位实际工作案例导入，学习任务贴近生产实际，便于学生产生学习共鸣，激发学习兴趣，学习目标明确，从而在学习时做到心中有数，有的放矢。

4.教材组织架构循序渐进。根据职业学校学生身心发展规律及在日常学习中对于接受知识和理解知识的思维习惯，对汽车发动机各大系统的任务实例进行系统化的讲解和演示。

5.教材内容实用简练。内容与生产标准对接，介绍大量企业的典型故障的维修案例，文字简练、脉络清晰、版式新颖，理论阐述言简意赅，遵循"必需""够用"原则，在保证知识体系相对完整的同时，做到知识技能传授实用和生动。

6.线上线下资源一体化。由上海景格科技股份有限公司和长沙市博信教育科技有限公司匹配大量的视频教学资源，教材内容与线上教学资源（教案、教学课件、视频）一体化。通过以上要素有机结合，优化教学效果，打造高效课堂。

本教材由天津职业技术师范大学孔超、唐山劳动技师学院董顺志任主编。

本教材可供职业学校汽修专业学生使用，也可作为汽车相关专业学生的参考用书。

限于编者经历和水平，教材内容难以覆盖全国各职业院校的实际情况，希望各学校在选用和推广本系列教材的同时，注重经验总结，及时提出修改意见和建议。

编　者

课程思政教学设计方案

"汽车发动机构造与拆装"课程作为交通运输类专业人才培养的重要环节，对学生的职业生涯规划、价值观念树立和职业发展等都有着潜移默化的影响。

整体利用课程开发的思想，设定课程目标，深入挖掘思政融合点，做到整体课程有目标，每次课程有目标，每次课程有思政，每次课程能融合。课程教学目标如下。

通过对汽车发动机（汽油机和柴油机）的总体构造、各系统的功能和基本结构的学习，使学生了解汽车发动机的基本工作原理，掌握发动机各部分的组成、基本结构和工作原理，了解汽车发动机未来的发展方向。

培养学生理论联系实际的能力、知识迁移能力、创新能力、自学能力、利用哲学思想指导学习能力、利用辩证法学习和思考的能力、专业技术能力等。

将马克思主义基本原理、习近平新时代中国特色社会主义思想融入课程，进行正确的价值引领，培养学生利用发展规律分析和解决问题的能力，认识到改革和科学技术在社会发展中的作用，深切体会绿色发展理念，树立绿色、可持续发展的观念，加深对"工匠精神"的理解，提高学生的"四个自信"，树立学生为建成富强民主文明和谐美丽的社会主义现代化强国而不断努力的信念，以工匠精神为目标不断学习、奋斗的精神和能力。注重和传统文化的结合，提高学生的人文素养。

培养学生专业学习热情、将理论应用于实践的态度、严谨的科学素养，提高学生对汽车的兴趣和爱好，以科学精神工匠精神为目标的严谨态度，并为后续专业课程的学习和从事相关科研工作打下坚实的基础。

在任务实施过程中，建议教师通过言传身教，将课程思政潜移默化地融于教学和训练过程，实现润物无声的思政育人效果。

一、课程思政在学生职业能力方面的培养

结合课程内容，建议从以下方面加强学生职业素养的培养。

1. 培养学生对专业的了解与热爱，加强学生对专业发展、现状及方向的了解；
2. 培养学生沟通交流能力，使学生能够与客户良好地交流与沟通，能够向客户咨询车况，查询车辆技术档案，初步评定车辆状况，具有较强的口头与书面表达能力、人际沟通能力；
3. 培养学生协商、协调能力，使学生能够与客户进行协商，与客户建立良好、持久的关系；能够与各部门进行良好的协调，具有团队精神和协作精神；
4. 培养学生质量与安全意识，加强学生5S、7S管理的培养，使学生能够认识到安全无小事，增强安全观念；
5. 培养学生良好的职业道德和劳动能力，使学生能够规范进行发动机的拆装与检测；
6. 培养学生思维逻辑，使学生能够独立制定维修计划，正确选择设备进行检修；
7. 培养学生自学能力，使学生能自主学习新知识、新技术；能通过各种媒体资源查找所需信息；

8.培养学生吃苦耐劳、精益求精的工匠精神,能踏实工作、认真负责、严谨求实,不断积累维修经验,从个案中寻找共性。

二、课程思政内容及实施建议

根据课程思政改革方向提出了课程思政改革策略,整门课一条思政主线,每次课一个思政主题。

整门课程应该围绕着"利用马克思辩证唯物主义和历史唯物主义辩证地看待汽车及发动机相关技术和发展,利用习近平新时代中国特色社会主义思想看待汽车技术的现在和未来,培养学生的工匠精神和对专业的热爱"展开。依据发展的观点、矛盾的观点、整体局部的关系、绿色发展理念、可持续发展等观点来看待整门课程,对学生进行工匠精神的熏陶。

每次课程备课授课中,都要根据讲述课程的内容提炼该次课程的思政主题,课程的思政主题如表所示。

序号	课程内容	思政主题
1	发动机总体认识及发动机拆装前的准备	利用唯物辩证法分析各类发动机的优劣、发动机工作过程中的量变与质变、发动机整体与局部的关系
2	曲柄连杆机构的构造与拆装	利用唯物辩证法看待机体组的构造和发展;利用矛盾的观点和发展的观点看待曲柄连杆机构的相互作用,辩证地分析各类型的优缺点;利用发展和矛盾的观点看待活塞环结构的发展;利用联系的观点看待连杆组的结构;利用理论和实践相互影响分析连杆组的结构和工作原理;利用辩证法分析分类连杆小头的结构优缺点;利用联系的观点分析发动机曲轴飞轮组的工作原理;利用矛盾的观点看待减振机构出现的原因
3	配气机构的构造与拆装	结合绿色发展理念,分析配气机构的作用和配气定时;利用联系的观点看待气门组的结构;利用辩证唯物主义分析气门组结构的优劣;利用联系的观点看待传动组的工作;利用发展和矛盾的观点分析气门传动组结构的变化
4	冷却系统的构造与拆装	利用变化和发展的眼光看待冷却系统的大小循环;利用事物的相互联系看待发动机冷却系统的作用和工作过程
5	润滑系统的构造与拆装	利用马克思主义矛盾的观点、发展的观点以及习近平新时代中国特色社会主义五大发展理念(绿色发展)看待润滑系统的构造与拆装
6	燃油供给系统的构造与拆装	结合当前的国六排放标准,利用绿色发展理念,从环保的角度分析汽油机燃油供给系统;结合绿色发展、环保、柴油相关知识,利用辩证唯物主义的方法来分析喷油器结构和使用特性;利用矛盾的观点分析喷油泵的发展和工作原理;利用辩证唯物主义分析喷油泵的优缺点;利用发展的眼光看待分配泵的出现;利用历史唯物主义分析调速器和辅助装置的发展
7	进、排气系统的构造与拆装	通过进、排气系统的发展了解环境保护、绿色发展、绿水青山就是金山银山等内容,树立学生绿色发展理念

目 录

- 课题一　发动机总体认识及发动机拆装前的准备 ········· 1
  - 任务一　发动机总体认识 ····················· 1
  - 任务二　安全防护与拆装工具的认识 ············· 16

- 课题二　曲柄连杆机构的构造与拆装 ················· 25
  - 任务一　曲柄连杆机构的认识 ·················· 26
  - 任务二　曲柄连杆机构的拆装 ·················· 45

- 课题三　配气机构的构造与拆装 ···················· 63
  - 任务一　配气机构的认识 ····················· 63
  - 任务二　配气机构的拆装 ····················· 82

- 课题四　冷却系统的构造与拆装 ···················· 99
  - 任务一　冷却系统的认识 ····················· 99
  - 任务二　冷却系统的拆装 ···················· 105

- 课题五　润滑系统的结构与拆装 ··················· 113
  - 任务一　润滑系统的认识 ···················· 113
  - 任务二　润滑系统的拆装 ···················· 124

- 课题六　燃油供给系统的构造与拆装 ················ 132
  - 任务一　燃油系统的认识 ···················· 132
  - 任务二　燃油系统的拆装 ···················· 140

- 课题七　进、排气系统的构造与拆装 ················ 147
  - 任务一　进、排气系统的认识 ················· 147
  - 任务二　进、排气系统的拆装 ················· 155

- 参考文献 ····································· 162

课题一

发动机总体认识及发动机拆装前的准备

[学习任务] →

1. 了解发动机拆装中各工具的名称和作用。
2. 熟悉安全防护知识。

[技能要求] →

掌握各工具的使用方法和注意事项。

任务一　发动机总体认识

一、发动机的分类

1. 按使用燃料的不同

根据所用燃料种类，汽车发动机可以分为：液体燃料发动机，主要有汽油发动机（图1-1）、柴油发动机（图1-2）、醇类燃料发动机（图1-3）；气体燃料发动机，主要有压缩天然气（CNG）发动机（图1-4）、液化石油气（LPG）发动机（图1-5）、液化天然气（LNG）发动机（图1-6）；液-气双燃料发动机，如图1-7所示。

使用汽油为燃料的内燃机称为汽油机；汽油机转速高，质量小，噪声小，起动容易，制造成本低。

图1-1　汽油发动机

使用柴油机为燃料的内燃机称为柴油机。柴油机压缩比大，热效率高，经济性能和排放性能都比汽油机好。

图1-2　柴油发动机

醇类燃料有甲醇和乙醇。醇燃料与汽油的理论空燃比混合气热值较接近,醇燃料的流化热高,有内冷及提高容积效率的作用。醇燃料相对汽油燃料的优点是燃烧迅速及时、燃烧温度较低、排温较低、辐射热、排气及冷却水的热损失少。

图1-3 醇类燃料发动机

使用压缩天然气(CNG)燃料的内燃机称为CNG发动机,天然气主要成分为甲烷,燃烧后生成二氧化碳和水,是一种非常安全和环保的能源。

图1-4 CNG发动机

使用液化石油气(LPG)为燃料的内燃机为LPG发动机,液化石油气具有热值高、热效率高、燃烧充分、排气中一氧化碳、碳氢化合物和硫化物含量低等特点。

图1-5 LPG发动机

LNG即液化天然气,是一种低温液态燃料,可常压存储运输,主要成分是甲烷,在-165℃时由气体变成液态,要在低温下保存,保存压力低,安全性比较好,但是保存设备需要耐低温。液化天然气汽车是继CNG汽车和LPG汽车之后于近年才开始发展起来的一种新型环保汽车,从本质上讲也是天然气汽车,但由于汽车携带的LNG比CNG具有更大的燃料密度、压力低、所需燃料箱自重轻,汽车一次充气的行驶里程较CNG远得多,LNG又能像油品一样运输,同时具有CNG和LPG的优点,而克服了它们的缺点,因此具有更强的实用性。

图1-6 LNG发动机

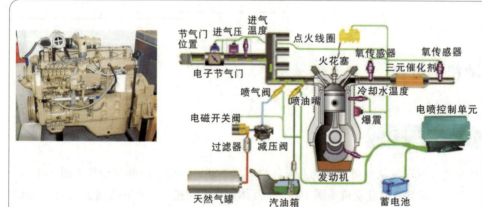

可分别使用液、气两种燃料的内燃机为双燃料发动机,如氢/汽油发动机,LPG/汽油发动机,CNG/汽油发动机等。双燃料汽车目前主要是指汽油和压缩天然气CNG做燃料的汽车,但不能同时使用,要么用汽油,要么用压缩天然气。

图1-7 液-气双燃料发动机

2.按照行程分类

发动机按其在一个工作循环期间活塞往复运动的行程数进行分类。活塞式内燃机每完成一个工作循环,便对外做功一次,不断地完成工作循环,才使热能连续地转变为机械能。在一个工作循环中活塞往复四个行程的发动机称作四冲程发动机,如图1-8所示;而活塞往复两个行程便完成一个工作循环的则称作二冲程发动机,如图1-9所示。

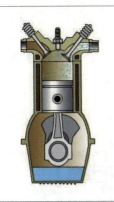
曲轴转两圈（720°），活塞在气缸内上下往复运动四个行程，完成一个工作循环的内燃机称为四冲程内燃机，汽车发动机广泛使用四冲程内燃机。

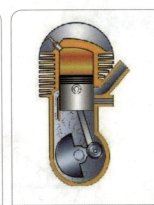
曲轴转一圈（360°），活塞在气缸内上下往复运动两个行程，完成一个工作循环的内燃机称为二冲程内燃机。

图 1-8 四冲程发动机　　　　图 1-9 二冲程发动机

3. 按照冷却方式分类

按发动机冷却方式的不同，汽车发动机分为水冷式发动机和风冷式发动机。以水或冷却液为冷却介质的称作水冷式发动机，如图 1-10 所示；以空气为冷却介质的则称作风冷式发动机，如图 1-11 所示。

水冷发动机是利用在气缸体和气缸盖冷却水套中循环的冷却液作为冷却介质进行冷却的；水冷发动机冷却均匀，工作可靠，冷却效果好，被广泛地应用于现代汽车。

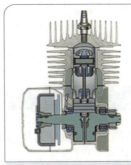
风冷发动机是利用流动于气缸体与气缸盖外表面散热片之间的空气作为冷却介质进行冷却的。

图 1-10 水冷式发动机　　　　图 1-11 风冷式发动机

4. 按照气缸数目分类

按照发动机气缸体气缸数目的不同，分为单缸发动机和多缸发动机。仅有一个气缸的发动机称为单缸发动机，如图 1-12 所示；有两个及两个以上气缸的发动机称为多缸发动机（如双缸、三缸、四缸、五缸、六缸、八缸、十二缸等都是多缸发动机），如图 1-13 所示。现代车用发动机多采用四缸发动机、六缸发动机、八缸发动机。

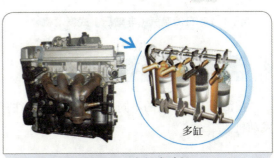

图 1-12 单缸发动机　　　　图 1-13 多缸发动机

5. 按照气缸排列形式分类

按发动机气缸的布置方式，汽车发动机有直列、V形和对置三种常见形式，如图 1-14 所示。

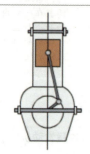 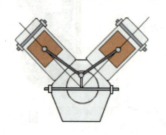 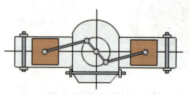

直列式：发动机的各个气缸排成一列，一般是垂直布置的。单列式气缸体结构简单，加工容易，但发动机长度和高度较大。一般六缸以下发动机多采用单列式。有的汽车为了降低发动机的高度，把发动机倾斜一个角度。

V形：气缸排成两列，左右两列气缸中心线的夹角 γ < 180°。V形发动机与直列发动机相比，缩短了机体长度和高度，增加了气缸体的刚度，减轻了发动机的重量，但加大了发动机的宽度，且形状较复杂，加工困难，一般用于八缸以上的发动机，六缸发动机也有采用这种形式的气缸体。

对置式：气缸排成两列，左右两列气缸在同一水平面上，即左右两列气缸中心线的夹角 γ = 180°。它的特点是高度小，总体布置方便，有利于风冷。这种气缸应用较少。

图 1-14 多缸发动机气缸排列形式

6. 按照进气状态分类

按进气状态不同，发动机分为自然吸气（非增压）式发动机（图 1-15）和强制进气（增压式）发动机（图 1-16）。

 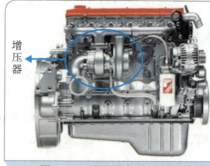

进气是在接近大气状态下进行的，自然吸气。

利用增压器将进气压力增高，进气密度增大。增压可以提高发动机功率。

图 1-15 自然吸气（非增压）式发动机　　图 1-16 强制进气（增压式）发动机

7. 按照活塞的工作方式分类

按活塞工作方式的不同，发动机可分为往复活塞式发动机（图 1-17）和转子活塞式（图 1-18）发动机。

8. 按照供油方式分类

汽油发动机按供油方式不同，还可分为化油器式汽油机燃油供给系统（图1-19）和电喷式汽油机燃油供给系统（图1-20）。

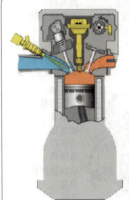

往复式发动机也叫活塞发动机，是一种利用一个或者多个活塞将压力转换成旋转动能的发动机。活塞往复运动形式的发动机的活塞在气缸内做往复的直线运动，通过曲轴把活塞的直线运动转化为曲轴的旋转，一般的发动机都采用这种形式。

图1-17 往复活塞式发动机

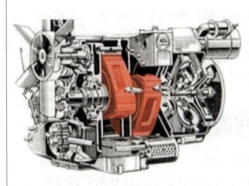

转子发动机是通过活塞在气缸内的旋转来带动发动机主轴（即普通发动机的曲轴，因为不是弯曲的故不再叫曲轴）旋转的。

图1-18 转子活塞式发动机

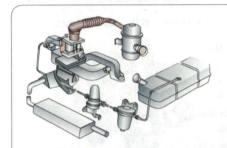

化油器靠发动机进气流形成的负压吸取并雾化汽油用于燃烧做功；化油器式发动机供油是利用设置在节气门上方的喉管，气流通过喉管时产生负压，将汽油从主喷管连续吸出，进入发动机进气歧管，流入气缸。

图1-19 化油器式汽油机燃油供给系统

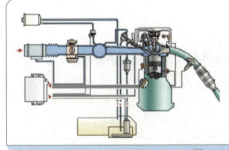

电喷发动机全称为电子控制汽油喷射式发动机，它由进气系统、燃油系统、电控系统等组成。它是根据安装在发动机进气系统及机体上的传感器所感知的信息，提供给计算机控制系统，精确计算出发动机在各种工况下所需的供油量，并向喷油器提供所需脉冲频宽，然后将有一定压力的燃油通过喷油器喷入进气歧管或气缸。它与化油器式发动机相比，突出的优点是能准确控制混合器的质量，保证气缸内的燃料燃烧完全，使废气排放物和燃油消耗都能降下来，使它具有比化油器发动机强很多的环保性。同时它还提高了发动机的充气效率，增加了发动机的功率和扭矩。

图1-20 电喷式汽油机燃油供给系统

二、发动机的总体构造

发动机是汽车的动力源，给汽车提供动力的部件，是汽车的核心总成。它先将燃料燃烧，使燃料的化学能转化成热能，最终转变为机械能并输出。目前汽车广泛使用的是往复式四冲程内燃式发动机。发动机的总体构造如图1-21所示。

汽车发动机总成概述

发动机是一种由许多机构和系统组成的复杂机器，无论是汽油机还是柴油机，无论是四冲程发动机还是二冲程发动机，无论是单缸发动机还是多缸发动机，要完成能量转换，实现工作循环，保证长时间连续正常工作，都必须具备以下一些机构和系统。

汽油机由两大机构和五大系统组成，即由曲柄连杆机构、配气机构、冷却系统、润滑系统、燃料供给系统、点火系统和起动系统组成。

柴油机由两大机构和四大系统组成，即由曲柄连杆机构、配气机构、冷却系统、润滑系统、燃料供给系统和起动系统组成。柴油机是压燃的，不需要点火系统。

1. 曲柄连杆机构

曲柄连杆机构是发动机实现工作循环、完成能量转换的主要运动零件。它由机体组、活塞连杆组、曲轴飞轮组等组成，如图1-22所示。

2. 配气机构

配气机构的功用是根据发动机的工作顺序和工作过程，定时开启和关闭进气门和排气门，可燃混合气或空气进入气缸，并使废气从气缸内排出，实现换气过程。一般由气门组、气门传动组两部分组成，如图1-23所示。

3. 冷却系统

冷却系统的功用是将受热零件吸收的部分热量及时散发出去，保证发动机在最适宜的温度状态下工作。水冷发动机的冷却系统通常由冷却水套、水泵、风扇、散热器、节温器等组成，如图1-24所示。

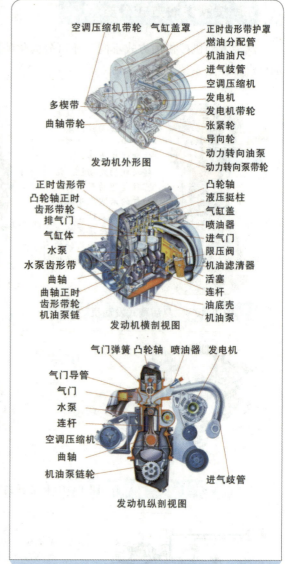

图1-21 发动机的总体构造

图1-22 曲柄连杆机构

图1-23 配气机构

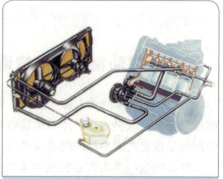

图1-24 冷却系统

4. 润滑系统

润滑系统的功用是向做相对运动的零件表面输送定量的清洁润滑油，以实现液体摩擦，减小摩擦阻力，减轻机件的磨损，并对零件表面进行清洗和冷却。润滑系统通常由润滑油道、机油泵、机油滤清器和一些阀门等组成，如图 1-25 所示。

5. 燃料供给系统

燃料供给系统如图 1-26 所示。汽油机燃料供给系统的功用是根据发动机的要求，配制出一定数量和浓度的混合气，供入气缸，并将燃烧后的废气从气缸内排出到大气中去。电喷汽油机的燃油系统主要由油箱、电动汽油泵、燃油滤清器、燃油压力调节器、喷油器等组成；化油器式汽油机的燃油系统主要由油箱、汽油泵、燃油滤清器、化油器等组成。柴油机燃料供给系统的功用是把柴油和空气分别供入气缸，在燃烧室内形成混合气并燃烧，最后将燃烧后的废气排出。柴油机电控共轨燃油喷射系统主要由输油泵、高压供油泵、油轨、喷油阀、燃油压力传感器、限压阀等组成。

图 1-25 润滑系统

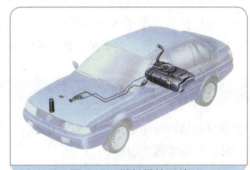

图 1-26 燃料供给系统

6. 点火系统

在汽油机中，气缸内的可燃混合气是靠电火花点燃的，为此在汽油机的气缸盖上装有火花塞，火花塞头部伸入燃烧室内。能够按时在火花塞电极间产生电火花的全部设备称为点火系统，点火系统通常由蓄电池、发电机、分电器、点火线圈和火花塞等组成，如图 1-27 所示。

7. 起动系统

要使发动机由静止状态过渡到工作状态，必须先用外力转动发动机的曲轴，使活塞做往复运动，气缸内的可燃混合气燃烧膨胀做功，推动活塞向下运动使曲轴旋转。如此发动机才能自行运转，工作循环才能自动进行。因此，曲轴在外力作用下开始转动到发动机开始自动地怠速运转的全过程，称为发动机的起动。完成起动过程所需的装置，称为发动机的起动系统。起动系统一般由起动机、电磁开关、起动开关等组成，如图 1-28 所示。

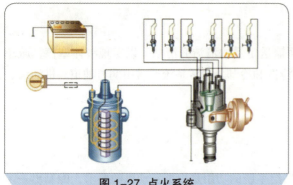
图1-27 点火系统

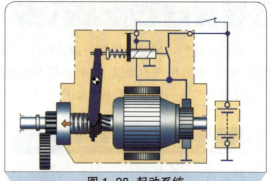
图1-28 起动系统

三、发动机基本术语

1. 工作循环（图1-29）

活塞式内燃机的工作循环是由进气、压缩、做功和排气四个工作过程组成的封闭过程。只有周而复始地进行这些过程，内燃机才能持续地做功。

2. 上、下止点（图1-30）

活塞顶离曲轴回转中心最远处为上止点，活塞顶离曲轴回转中心最近处为下止点。在上、下止点处，活塞的运动速度为零。

3. 活塞行程（图1-31）

上、下止点间的距离 S 称为活塞行程。曲轴的回转半径 R 称为曲柄半径。显然，曲轴每回转一周，活塞移动两个活塞行程。对于气缸中心线通过曲轴回转中心的内燃机，其 $S = 2R$。

图1-29 工作循环

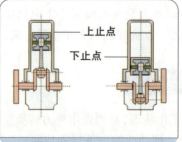
图1-30 上、下止点

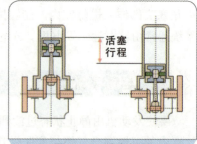
图1-31 活塞行程

4. 气缸工作容积（图1-32）

上、下止点间所包容的气缸容积称为气缸工作容积。

5. 发动机排量（图1-33）

发动机所有气缸工作容积的总和称为发动机排量。

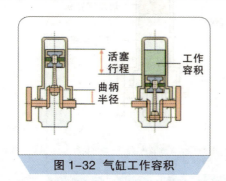

图1-32 气缸工作容积

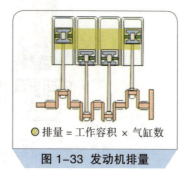

图1-33 发动机排量

6. 燃烧室容积（图1-34）

活塞位于上止点时，活塞顶面以上气缸盖底面以下所形成的空间称为燃烧室，其容积称为燃烧室容积，也叫压缩容积。

7. 气缸总容积（图1-35）

气缸总容积为燃烧室容积与气缸工作容积之和。

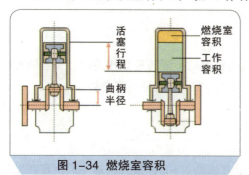

图1-34 燃烧室容积

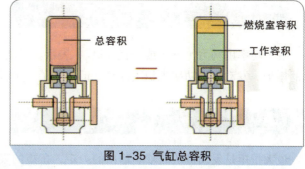

图1-35 气缸总容积

8. 压缩比（图1-36）

气缸总容积与燃烧室容积之比称为压缩比 ε。压缩比的大小表示活塞由下止点运动到上止点时，气缸内的气体被压缩的程度。压缩比越大，压缩终了时气缸内的气体压力和温度就越高。

压缩比大的发动机，燃烧更迅速、更充分，发出的功率更大，经济性也好一些。但压缩比增大，通常发动机工作时抖振也会明显增大，出现"爆燃"和"表面点火"等不正常燃烧现象的可能性增大。汽车的汽油发动机压缩比是8∶1到11∶1，柴油发动机压缩比是18∶1到23∶1。

9. 空燃比

空燃比是表示空气和燃料的混合比。空燃比是发动机运转时的一个重要参数，它对尾气排放、发动机的动力性和经济性都有很大的影响。

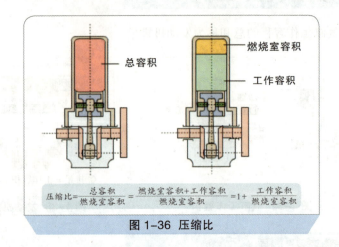

图 1-36 压缩比

10. 理论空燃比

理论空燃比即将燃料完全燃烧所需要的最少空气量和燃料量之比。燃料的组成成分对理论空燃比的影响不大，汽油的理论空燃比大约为 14.7，也就是说，燃烧 1 g 汽油需要 14.7 g 的空气。一般常说的汽油机混合气过浓过稀，其标准就是理论空燃比。空燃比小于理论空燃比时，混合气中的汽油含量高，称作过浓；空燃比大于理论空燃比时，混合气中的空气含量高，称为过稀。

11. 最大功率

最大功率用马力（PS）或千瓦（kW）表示。发动机的输出功率同转速是相关的，一般随着转速的增加，发动机的功率也相应提高，但是到了一定转速后，功率反而呈下降趋势。

12. 最大扭矩

最大扭矩是发动机从曲轴端输出的力矩，扭矩的表示方法是 N·m，最大扭矩一般出现在发动机的中转速的范围，随着转速的提高扭矩反而下降。最大扭矩决定着车的提速性能，特别是低速时的加速性。

四、发动机的基本工作原理

1. 四冲程汽油机工作原理

四冲程往复活塞式内燃机在四个活塞行程内完成进气、压缩、做功和排气四个过程，即在一个活塞行程内只进行一个过程。因此，活塞行程可分别用四个过程命名。单缸四冲程汽油机如图 1-37 所示。单缸四冲程汽油机工作原理如图 1-38 所示。

1）进气行程

活塞在曲轴的带动下由上止点移至下止点。此时排气门关闭，进气门开启。在活塞移动过程中，气缸容积逐渐增大，气缸内形成一定的真空度。空气和汽油的混合物通过进气门被吸入气缸，并在气缸内进一步混合形成可燃混合气。如图1-38（a）所示，进气行程从进气行程上止点开始至进气行程下止点结束。

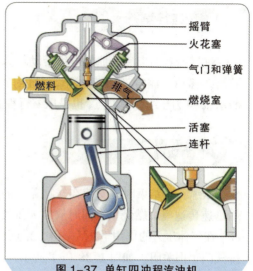

图1-37 单缸四冲程汽油机

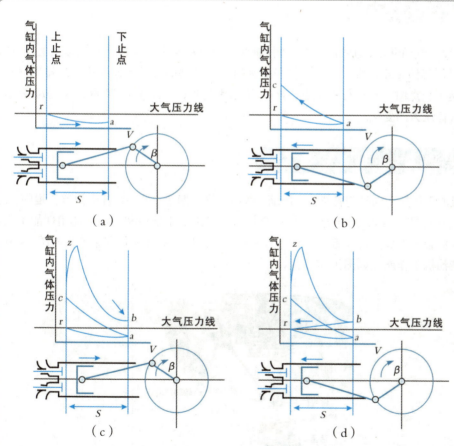

图1-38 单缸四冲程汽油机工作原理
（a）进气行程；（b）压缩行程；（c）做功行程；（d）排气行程

四冲程汽油机经过进气、压缩、做功和排气四个行程而完成一个工作循环。这期间活塞在上、下止点间往复运动四个行程，曲轴旋转两周，即每一个行程有180°曲轴转角。

但在实际进气过程中，进气门早于上止点开启，迟于下止点关闭。在排气过程中，排气门早于下止点开启，迟于上止点关闭。即进、排气行程所占的曲轴转角均超过180°。（进气门早开晚关的目的是增加进入气缸内的混合气量和减少进气过程所消耗的功。排气门早开晚关的目的是减少气缸内的残余废气量和减少排气过程所消耗的功。减少残余废气量，会相应地增加进气量。）

2）压缩行程

进气行程结束后，曲轴继续带动活塞由下止点移至上止点。这时，进、排气门均关闭。随着活塞移动，气缸容积不断减小，气缸内的混合气被压缩，其压力和温度同时升高。如图1-38（b）所示，c点为压缩行程终点，也是压缩行程上止点，曲线ac表示压缩行程气缸内气体压力的变化。

3）做功行程

压缩行程结束时，安装在气缸盖上的火花塞产生电火花，将气缸内的可燃混合气点燃，火焰迅速传遍整个燃烧室，同时放出大量的热能。燃烧气体的体积急剧膨胀，压力和温度迅速升高。在气体压力的作用下，活塞由上止点移至下止点，并通过连杆推动曲轴旋转做功。这时，进、排气门仍旧关闭。如图1-38（c）所示，曲线czb表示做功行程气缸内气体压力的变化。

4）排气行程

排气行程开始，排气门开启，进气门仍然关闭，曲轴通过连杆带动活塞由下止点移至上止点，此时膨胀过后的燃烧气体（或称废气）在其自身剩余压力和活塞的推动下，经排气门排出气缸之外。当活塞到达上止点时，排气行程结束，排气门关闭。如图1-38（d）所示，曲线br表示排气行程气缸内气体压力的变化。

2. 四冲程柴油机工作原理

四行程柴油机的工作循环同样包括进气、压缩、做功和排气四个过程，在各个活塞行程中，进、排气门的开闭和曲柄连杆机构的运动与汽油机完全相同。只是由于柴油和汽油的使用性能不同，柴油机和汽油机在混合气形成方法及着火方式上有着根本的差别。单缸四行程柴油机如图1-39所示。单缸四行程柴油机工作原理如图1-40所示。

图1-39 单缸四冲程柴油机

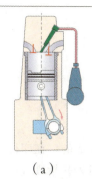
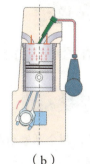

　　它不同于汽油机的是，进入气缸的是纯空气，其他与汽油机进气行程相似。由于进气阻力小，上一循环残留在气缸内废气温度较低等原因，进气行程终了的压力为 80～95 kPa，温度为 320～350 K。

（a）

　　将进入气缸的空气压缩，由于柴油机的压缩比大，压缩终了的压力和温度都比汽油机高，压力为 3 000～5 000 kPa，温度为 800～1 000 K。

（b）

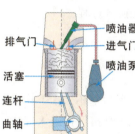
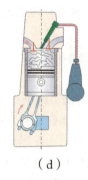

　　喷油泵将高压柴油经喷油器呈雾状喷入气缸内的高温空气中。因气缸内的温度远远高于柴油的自燃温度（约 500 K），柴油立即自行着火燃烧，且在后一段时间内边喷油边燃烧，气缸内温度、压力急剧升高，推动活塞下行做功。燃烧的瞬时压力在 5 000～10 000 kPa。瞬时温度在 1 800～2 200 K。做功冲程终了时，压力为 200～400 kPa，温度为 1 200～1 500 K。

　　与汽油机排气行程基本相同，排气终了气缸内压力为 105～125 kPa，温度为 800～1 000 K。

（c） （d）

　　四冲程柴油机经过进气、压缩、做功和排气四个行程而完成一个工作循环。这期间活塞在上、下止点间往复运动四个行程，曲轴旋转两周，即每一个行程有 180°曲轴转角。
　　但在实际进气过程中，进气门早于上止点开启，迟于下止点关闭。在排气过程中，排气门早于下止点开启，迟于上止点关闭，即进、排气行程所占的曲轴转角均超过 180°。（进气门早开晚关的目的是增加进入气缸内的混合气量和减少进气过程所消耗的功。排气门早开晚关的目的是减少气缸内的残余废气量和减少排气过程所消耗的功。减少残余废气量，会相应地增加进气量。）

图 1-40　单缸四冲程柴油机工作原理

（a）进气行程；（b）压缩行程；（c）做功行程；（d）排气行程

1）进气行程 [图 1-40（a）]

　　在柴油机进气行程中，被吸入气缸的只是纯净的空气。

2）压缩行程 [图 1-40（b）]

　　因为柴油机的压缩比大，所以压缩行程终了时气体压力高。

3）做功行程 [图 1-40（c）]

　　在压缩行程结束时，喷油泵将柴油泵入喷油器，并通过喷油器喷入燃烧室。因为喷油压力很高，喷孔直径很小，所以喷出的柴油呈细雾状。细微的油滴在炽热的空气中迅速蒸发汽化，并借助空气的运动，迅速与空气混合形成可燃混合气。由于气缸内的温度远高于柴油的自燃点，因此柴油随即自行着火燃烧。燃烧气体的压力、温度迅速升高，体积急剧膨胀。在气体压力的作用下，活塞推动连杆，连杆推动曲轴旋转做功。

4）排气行程 [图 1-40（d）]

排气行程开始，排气门开启，进气门仍然关闭，燃烧后的废气排出气缸。

3. 二冲程汽油机工作原理

二行程内燃机的工作循环是在两个活塞行程即曲轴旋转一周的时间内完成的。在四行程内燃机中，常把排气过程和进气过程合称为换气过程。在二行程内燃机中换气过程是指废气从气缸内被新气扫除并取代的过程。这两种内燃机工作循环的不同之处主要在于换气过程。

1）第一冲程

第一冲程活塞在曲轴带动下由下止点移至上止点 [图 1-41（a）]。当活塞还处于下止点时，进气孔被活塞关闭，排气孔和扫气孔开启。这时曲轴箱内的可燃混合气经扫气孔进入气缸，扫除其中的废气。随着活塞向上止点运动，活塞头部首先将扫气孔关闭，扫气终止。但此时排气孔尚未关闭，仍有部分废气和可燃混合气经排气孔继续排出，称其为额外排气。当活塞将排气孔也关闭之后，气缸内的可燃混合气开始被压缩。直至活塞到达上止点，压缩过程结束。

2）第二冲程

第二冲程活塞由上止点移至下止点 [如图 1-41（b）]。在压缩过程终了时，火花塞产生电火花，将气缸内的可燃混合气点燃，燃烧气体膨胀做功。此时排气孔和扫气孔均被活塞关闭，唯有进气孔仍然开启。空气和汽油经进气孔继续流入曲轴箱，直至活塞裙部将进气孔关闭为止。随着活塞继续向下止点运动，曲轴箱容积不断缩小，其中的混合气被预压缩。此后，活塞头部先将排气孔开启，膨胀后的燃烧气体已成废气，经排气孔排出。至此做功过程结束，开始先期排气。随后活塞又将扫气孔开启，经过预压缩的可燃混合气从曲轴箱经扫气孔进入气缸，扫除其中的废气，开始扫气过程。这一过程将持续到下一个活塞行程中扫气孔被关闭时。

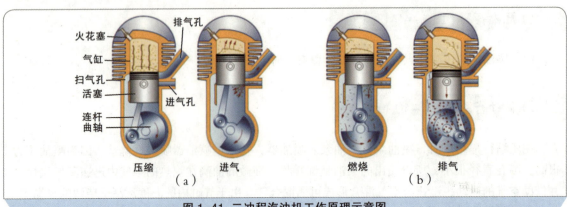

图 1-41 二冲程汽油机工作原理示意图

(a) 第一冲程（压缩、进气）；(b) 第二冲程（燃烧、排气）

4. 二冲程柴油机工作原理

1）第一冲程

第一冲程活塞由下止点移至上止点[图1-42（a）]。当活塞还处于下止点位置时，进气孔和排气门均已开启。扫气泵将纯净的空气增压到0.12～0.14 MPa后，经空气室和进气孔送入气缸，扫除其中的废气。废气经气缸顶部的排气门排出。当活塞上移将进气孔关闭的同时，排气门也关闭，进入气缸内的空气开始被压缩。活塞运动至上止点，压缩过程结束。

2）第二冲程

第二冲程活塞由上止点移至下止点[图1-42（b）]。当压缩过程终了时，高压柴油经喷油器喷入气缸，并自行着火燃烧。高温高压的燃烧气体推动活塞做功。当活塞下移2/3行程时，排气门开启，废气经排气门排出。活塞继续下移，进气孔开启，来自扫气泵的空气经进气孔进入气缸进行扫气。扫气过程将持续到活塞上移时将进气孔关闭。

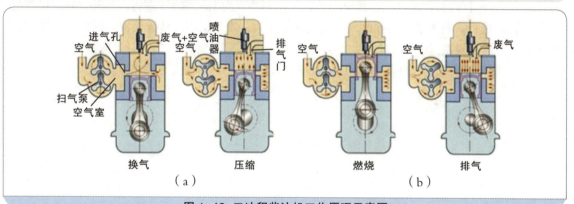

图1-42 二冲程柴油机工作原理示意图
（a）第一冲程（换气、压缩）；（b）第二冲程（燃烧、排气）

5. 汽油机与柴油机、四冲程与二冲程内燃机的比较

从各类往复活塞式内燃机的简单工作原理中可以看出汽油机与柴油机、四冲程与二冲程内燃机的若干异同之处。

四冲程汽油机与四冲程柴油机的共同点

（1）每个工作循环都包含进气、压缩、做功和排气四个活塞行程，每个行程各占180°曲轴转角，即曲轴每旋转两周完成一个工作循环。

（2）四个活塞行程中，只有一个做功行程，其余三个是耗功行程。显然，在做功行程曲轴旋转的角速度要比其他三个行程大得多，即在一个工作循环内曲轴的角速度是不均匀的。为了

课题一 发动机总体认识及发动机拆装前的准备

改善曲轴旋转的不均匀性,可在曲轴上安装转动惯量较大的飞轮或采用多缸内燃机并使其按一定的工作顺序依次进行工作。

四冲程汽油机与四冲程柴油机的不同之处

(1)汽油机的可燃混合气在气缸外部开始形成并延续到进气和压缩行程终了,时间较长。柴油机的可燃混合气在气缸内部形成,从压缩行程接近终了时开始,并占小部分做功行程,时间很短。

(2)汽油机的可燃混合气用电火花点燃,柴油机则是自燃,所以又称汽油机为点燃式内燃机,称柴油机为压燃式内燃机。

二冲程内燃机与四冲程内燃机相比具有的特点

(1)曲轴每转一周完成一个工作循环,做功一次。当曲轴转速相同时,二冲程内燃机单位时间的做功次数是四冲程内燃机的两倍。由于曲轴每转一周做功一次,因此曲轴旋转的角速度比较均匀。

(2)二冲程内燃机的换气过程时间短,仅为四冲程内燃机的1/3左右。另外,进、排气过程几乎同时进行,利用新气扫除废气,新气可能流失,废气也不易清除干净。因此,二冲程内燃机的换气质量较差。

(3)曲轴箱换气式二冲程内燃机因为没有进、排气门,结构大为简化。

任务二 安全防护与拆装工具的认识

一、工作安全

1. 安全防护

安全防护就是保护自己免受伤害,包括使用防护装置、穿戴安全和正确使用工具及设备。

1）眼睛保护

当工作环境存在损伤眼睛的风险时，就要戴上安全眼镜，如图1-43所示。安全眼镜的镜片要用安全玻璃制成，还要对眼部侧面进行防护，普通眼镜不能作为安全眼镜使用。例如磨气门时，就应该戴安全眼镜，防止金属颗粒进入眼睛。

2）耳朵保护

在噪声级很高的场合停留时间过长，会导致听力丧失。经常在有噪声的环境里工作，应该戴上防噪声耳罩（图1-44）或耳塞。

3）呼吸保护

经常在有毒的化学气体环境中维修汽车，不论是暴露在有毒气体还是过量尘埃中，都要戴上呼吸器或呼吸面罩（图1-45）。用清洗剂清洗零部件或喷漆时，需要戴上呼吸面罩进行作业。

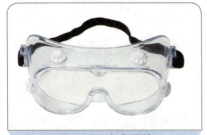
图1-43 安全眼镜

图1-44 防噪声耳罩

图1-45 呼吸面罩

4）服装

工作时穿着的服装不但要合适舒适，还要结实。宽松的服装很容易被运动的零件和机器挂住。不要系领带；不要将工作服套在自己的衣服外面；衣服兜里不能揣尖锐物品；皮带要采用无带扣的，皮带上不能挂尖锐物品，如钥匙等。

5）鞋

维修汽车时重物有可能意外掉落砸到脚上，所以要穿用皮革或类似材料做成的并具有防滑底的鞋或靴子，铁头安全鞋可以增强对脚的保护，运动鞋、休闲鞋和凉拖鞋都不适合在车间穿。

6）头发和配饰

蓬松的长发和悬挂的饰物很容易被运动的机器挂住从而引发事故。如果头发很长，工作时就应该将其扎在脑后或者塞到帽子里。

7）手套

维修人员常常忽视对手的保护，戴手套不仅可以保护手，避免损伤手，防止通过手染上疾病，而且可以使手保持干净。有多种不同的手套可供选择，进行磨削、焊接作业或拿高温物件时，应该戴上厚手套。在处理强腐蚀性或危险性化学物品时，应该戴上聚亚氨酯或维尼龙手套，戴上乳胶手套和丁腈橡胶手套可以防止油污沾到指甲上，以预防疾病。

8）举升和搬运

如图 1-46 所示，掌握举升和搬运重物的正确方法非常重要，举升和搬运重物时，要采取保护措施。一个人举升或搬运时，只能举升和搬运那些在个人能力范围内的重物，如果不能准确判断举升和搬运物品的尺寸与重量，应该找人帮忙。体积很小、很紧凑的零部件有时也会很重，或者不好平衡。在举升和搬运物品前先要考虑如何进行恰当的举升和搬运。

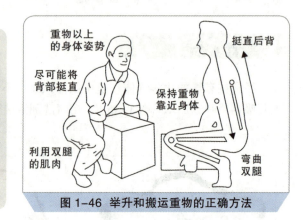

图 1-46 举升和搬运重物的正确方法

2. 职业行为

通过简单的职业行为方式就能预防事故的发生。在修理车间工作时，应该遵守的一些注意事项如下：

（1）维修汽车或使用车间的机器时不能吸烟。
（2）为了预防皮肤被烧伤，应使皮肤远离高温金属零件，如散热器、排气歧管等。
（3）在散热器周围进行作业时，先将发动机冷却风扇电路断开，防止风扇转动伤人。
（4）维修液压系统时，先将压力以安全方式释放掉。
（5）保管好所有的配件和工具，将它们放在不会绊倒人的地方。

3. 工作场地安全

工作场地要保持干净和安全，地面和工作台面要保持清洁、干燥和有序。当地面有机油、冷却液或润滑脂后，会变得很滑，人滑倒后可能会造成严重损伤，因此，要及时清除油污。地面有水也会变滑，而且很容易导电，因此还要保持地面干燥。机器周围的作业区域要足够大，保证能够安全地操作机器。

汽油是一种易燃的挥发性液体，一定要将汽油和柴油装在安全油箱中，不要用汽油擦洗手和工具，存储间应当通风良好。从大容器倒出易燃物品时，要格外小心，静电产生的火花能够引起爆炸。用过的溶剂容器要及时丢弃或清理，沾油的抹布也要存放在符合标准的金属容器中。维修汽车电气系统或进行焊接作业之前，要断开汽车蓄电池，预防由电气系统引起着火。

要了解车间里所有灭火器的放置地点及其适用的火险类别，在灭火器标签上都清楚地标有灭火器的类型及其适用的火险类别，要了解灭火器的使用方法（图1-47）。灭火时，一定要使用适合火险类别的灭火器。

图1-47 灭火器的使用方法

4.废弃物处理

修理厂使用的某些材料属于危险品，在车间里，所有人都必须阅读并理解使用溶剂和其他化工产品的警告和注意事项。

机油：机油应该回收，回收时除非机油回收者允许，一般不要将其他废物混入废机油中。

蓄电池：报废蓄电池要由回收站或经销商回收。蓄电池应存储在不漏水、抗酸的容器中，要避免蓄电池破裂和泄漏。在电解液泄漏后，将发酵粉（碳酸氢钠）或石灰撒在泄漏的电解液上，让它们进行中和反应，然后清理掉所有的有害物质。

金属屑：加工金属零件时所产生的金属屑需要收集，如果可能，要进行分离和回收，不要让金属屑落入下水道中。

制冷剂：维修汽车空调和制冷设备时要回收并利用制冷剂，不允许将制冷剂直接排放到大气中。

废弃物的存放：一定要将有害废弃物从一般废弃物中分离出来，密封在符合要求的容器中，并做好标记，再收集存放在有遮盖的地方，其他废弃物要分清是固体还是液体，是金属还是橡胶或是其他，也就是各种物质尽量分门别类地区分存储，然后进行再利用或适当处置。

二、发动机拆装工具认识

工具分为通用和专用两大类。通用工具指可普遍使用于各行各业同类作业的工具，如扳手可用于各行业同类螺栓的拆装。专用工具指为某一专项作业特别设计的工具，如汽车火花塞上的套筒，只能用于火花塞拆装。

1.通用工具

通用工具有扳手、螺丝刀、钳子、手锤等。

（1）扳手用以紧固或拆卸带有棱边的螺母和螺栓，常用的扳手有开口扳手（图1-48）、梅花扳手（图1-49）、套筒扳手（图1-50）、活动扳手、扭力扳手等。套筒扳手除了具有一般扳手的用途外，特别适用于旋转部位很狭小或隐蔽较深处的六角螺母和螺栓。

活动扳手（图1-51）的开口宽度可调节，能在一定范围内变动尺寸。其优点是遇到尺寸不规

图1-48 开口扳手

图1-49 梅花扳手

图1-50 套筒扳手

则的螺母或螺栓时,更能发挥作用,缺点是易损坏螺母的棱角。

扭力扳手(图1-52)是在拧紧螺栓过程中能同时显示拧紧力矩的工具。

(2)螺丝刀(俗称起子)用于拆卸和更换螺钉。根据头部的形状分为一字头螺丝刀(图1-53)和十字头螺丝刀(图1-54)。

(3)钳子用于在狭小空间里的操作或夹紧小零件,还可以用来切断细导线或剥掉绝缘层,常用的有鲤鱼钳和尖嘴钳等,如图1-55所示。

(4)锤子也叫榔头,有木榔头、橡胶榔头和铁榔头,通过敲击拆卸或更换零件,其结构如图1-56所示。

图1-51 活动扳手

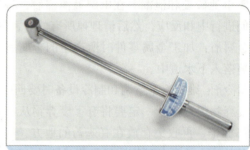

图1-52 扭力扳手

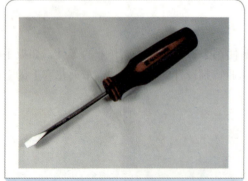

图1-53 一字头螺丝刀

图1-54 十字头螺丝刀

图 1-55 钳子

图 1-56 锤子

2. 专用工具

专用工具有卡环拆装钳、火花塞套筒、活塞环拆装钳、活塞环卡箍、气门拆装钳和拉器等。

（1）卡环拆装钳用于拆装轴承等零件轴向定位用的弹簧卡环，拆装不同的卡环应使用不同的卡环拆装钳，如图 1-57 所示。

（2）火花塞套筒有内六角、筒式结构，用于拆装火花塞，如图 1-58 所示。

（3）活塞环拆装钳用于拆装活塞环，如图 1-59 所示。

（4）活塞环卡箍用于将箍紧活塞环的活塞装入气缸体内，如图 1-60 所示。

（5）气门拆装钳用于拆装气门总成时压缩气门弹簧，如图 1-61 所示。

（6）拉器用于拆卸过盈配合安装在轴上的齿轮或轴承等。常用的拉器为手动式，在一杆式弓形叉上装有压力螺杆和拉爪，如图 1-62 所示。

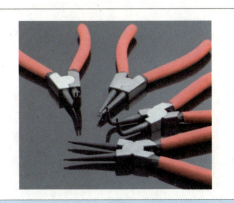

图 1-57 卡环拆装钳

图 1-58 火花塞套筒

图 1-59 活塞环拆装钳

图 1-60 活塞环卡箍

图 1-61 气门拆装钳

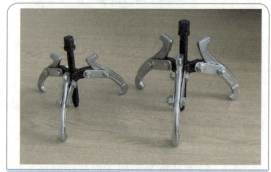

图 1-62 拉器

课题小结

（1）发动机可按使用燃料、行程、冷却、气缸数目、气缸排列、进气、活塞的工作、供油等方式进行分类。

（2）发动机基本术语有：工作循环、上止点、下止点、活塞行程、气缸工作容积、排量、燃烧室容积、气缸总容积、压缩比等。

（3）四冲程往复活塞式内燃机在四个活塞行程内完成进气、压缩、做功和排气四个过程，即在一个活塞行程内只进行一个过程。二冲程内燃机的工作循环是在两个活塞行程即曲轴旋转一周的时间内完成的。在四冲程内燃机中，常把排气过程和进气过程合称为换气过程。在二冲程内燃机中换气过程是指废气从气缸内被新气扫除并取代的过程。这两种内燃机工作循环的不同之处主要在于换气过程。

（4）发动机是汽车的动力源，给汽车提供动力的部件，是汽车的核心总成，由曲柄连杆机构、配气机构、冷却系统、润滑系统、燃料供给系统、点火系统和起动系统组成。柴油机是压燃的，不需要点火系统。

一、填空题

1. 车用发动机的基本构造包括了两大机构和五大系统，分别是_____、_____ 和 _____、_____、_____、_____、_____，因柴油发动机是压燃式，所以没有 _____ 系统。

2. 往复活塞式内燃机中，活塞做 _____ 运动，曲轴做 _____ 运动。

二、判断题

1. 所有汽车发动机都是由两大机构和五大系统组成的。（   ）
2. 四冲程发动机在做功行程时，进、排气门都是关闭的。（   ）
3. 汽油机和柴油机在进气行程时，吸入的都是混合气。（   ）

三、选择题

1. 发动机的排量是指各缸的（   ）之和。
   A. 气缸总容积　　　B. 燃烧室容积　　　C. 气缸工作容积

2. 四冲程发动机的有效行程是指（   ）。
   A. 进气行程　　　B. 压缩行程　　　C. 做功行程　　　D. 排气行程

3. 当发动机的转速、压缩比、工作容积相同时，二冲程发动机功率是四冲程的（   ）。
   A. 2倍　　　B. 0.5倍　　　C. 1.5～1.6倍

4. 下列说法正确的是（   ）。
   A. 活塞上止点是指活塞顶平面运动到离曲轴中心最远点位置
   B. 活塞在上、下两个止点之间距离称活塞冲程、活塞行程
   C. 一个活塞在一个行程中所扫过的容积之和称为气缸总容积
   D. 一台发动机所有工作容积之和称为该发动机的排量
5. 发动机压缩比的正确说法是（   ）。
   A. 气缸燃烧室容积与气缸总容积之比
   B. 气缸燃烧室容积与气缸工作总容积之比
   C. 气缸总容积与气缸燃烧室容积之比
   D. 气缸工作总容积与气缸燃烧室容积之比
6. 下列说法正确的是（   ）。
   A. 四冲程发动机完成进气、压缩、做功、排气一个工作循环曲轴转过了360°
   B. 二冲程发动机完成进气、压缩、做功、排气一个工作循环，活塞在气缸内上下运动两次
   C. 柴油机在做功行程时，进、排气门处于关闭状态
   D. 压缩比越高越好，压缩比越高越容易爆震
7. 在进气行程中，汽油机和柴油机分别吸入的是（   ）。
   A. 纯空气和可燃混合气体
   B. 可燃混合气体和纯空气
   C. 可燃混合气体和可燃混合气体
   D. 纯空气和纯空气

四、简答题

1. 分别解释上止点、气缸工作容积、排量、活塞行程的含义。

2. 汽车发动机总体结构由哪些系统组成？各起什么作用？

课题二

曲柄连杆机构的构造与拆装

[学习任务]

1. 了解曲柄连杆机构的功用与组成。
2. 掌握机体组、活塞连杆组、曲轴飞轮组的组成和各零部件的功用与结构。

[技能要求]

1. 学会气缸盖的拆卸和安装方法。
2. 掌握油底壳的拆装方法。
3. 能够和搭档配合完成活塞连杆组的拆装。
4. 学会活塞连杆组的分解与组装方法。
5. 掌握曲轴的拆装与检修方法。
6. 能够对机体组进行检修。

组成

曲柄连杆机构的主要零件可以分为三组,即机体组、活塞连杆组和曲轴飞轮组。

工作条件

发动机工作时,曲柄连杆机构直接与高温高压气体接触,曲轴的旋转速度又很高,活塞往复运动的线速度相当大,同时与可燃混合气和燃烧废气接触,曲柄连杆机构还受到化学腐蚀作用,并且润滑困难。可见,曲柄连杆机构的工作条件相当恶劣,它要承受高温、高压、高速和化学腐蚀的作用。

任务一 曲柄连杆机构的认识

一、机体组

1. 机体组的功用与组成

功用：机体组是发动机的基础，是曲柄连杆机构、配气机构和发动机各系统主要零部件的装配基体。气缸盖用来封闭气缸顶部，并与活塞顶和气缸壁一起形成燃烧室。另外，气缸盖和机体内的水套和油道以及油底壳又分别是冷却系统和润滑系统的组成部分。

组成：发动机机体组主要由机体、气缸盖、气缸盖罩、气缸垫、油底壳等组成，如图2-1所示。镶气缸套的发动机机体组还包括干式气缸套和湿式气缸套。

2. 气缸盖

气缸盖的结构

图2-1 机体组

1）气缸盖的工作条件及要求

气缸盖承受气体力和紧固气缸盖螺栓所造成的机械负荷，同时还由于与高温燃气接触而承受很高的热负荷。为了保证气缸的良好密封，气缸盖既不能损坏，也不能变形。为此气缸盖应具有足够的强度和刚度。为了使气缸盖的温度分布尽可能均匀，避免进、排气门座之间发生热裂纹，应对气缸盖进行良好的冷却。气缸盖一般都由优质灰铸铁或合金铸铁铸造，轿车用的汽油机则多采用铝合金气缸盖。

2）气缸盖的作用与构造

气缸盖用来封闭气缸顶部，并与活塞顶和气缸壁一起形成燃烧室。另外，气缸盖内的水套和油道也是冷却系统和润滑系统的组成部分。

气缸盖（图2-2）是结构复杂的箱形零件。其上加工有进、排气门座孔，气门导管孔，火花塞安装孔（汽

图2-2 气缸盖

油机)或喷油器安装孔(柴油机)。在气缸盖内还铸有水套、进排气道和燃烧室或燃烧室的一部分。若凸轮轴安装在气缸盖上，则气缸盖上还加工有凸轮轴承孔或凸轮轴承座及其润滑油道。

3) 气缸盖的结构形式

水冷发动机的气缸盖有整体式、分块式和单体式三种结构形式。在多缸发动机中，全部气缸共用一个气缸盖的，则称该气缸盖为整体式气缸盖；若每两缸一盖或三缸一盖，则该气缸盖为分块式气缸盖；若每缸一盖，则为单体式气缸盖。风冷发动机均为单体式气缸盖。

4) 燃烧室

当活塞位于上止点时，活塞顶面以上、气缸盖底面以下所形成的空间称为燃烧室。在汽油机气缸盖底面通常铸有形状各异的凹坑，习惯上称这些凹坑为燃烧室。汽油机燃烧室如图 2-3 所示；柴油机燃烧室如图 2-4 所示。

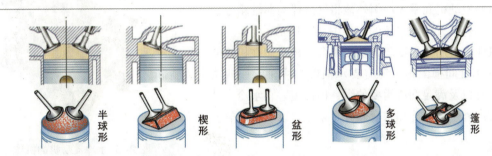

半球形燃烧室：结构最紧凑，燃烧室表面积与其容积之比(面容比)最小。进排气门呈两列倾斜布置，气门直径较大，气道较平直。火焰传播距离较短，不能产生挤气涡流。
楔形燃烧室：结构比较紧凑，气门相对气缸轴线倾斜，进气道比较平直，进气阻力小。压缩行程终了时能产生挤气涡流。
盆形燃烧室：结构简单，气门与气缸轴线平行，进气道弯度较大。压缩行程终了能产生挤气涡流。
多球形燃烧室：由两个以上半球形凹坑组成，其结构紧凑，面容比小，火焰传播距离短，气门直径较大，气道比较平直，且能产生挤气涡流。
篷形燃烧室：近年来在高性能多气门轿车发动机上广泛应用的燃烧室。

图 2-3 汽油机燃烧室

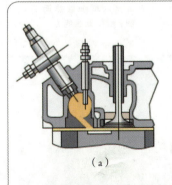

涡流室燃烧室：其主、副燃烧室之间的连接通道与副燃烧室切向连接，在压缩行程中，空气从主燃烧室经连接通道进入副燃烧室，在其中形成强烈的有组织的压缩涡流，因此称副燃烧室为涡流室。燃油顺气流方向喷射。

(a)

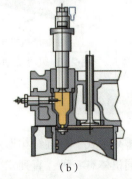

预燃室燃烧室：其主、副燃烧室之间的连接通道不与副燃烧室切向连接，且截面积较小。在压缩行程中，空气在副燃烧室内形成强烈的无组织的紊流。燃油迎着气流方向喷射，并在副燃烧室顶部预先发火燃烧，故称副燃烧室为预燃室。

(b)

图 2-4 柴油机燃烧室
(a) 涡流室燃烧室；(b) 预燃室燃烧室

3. 机体

1）机体的工作条件及要求

气缸体的结构

在发动机工作时，机体承受拉、压、弯、扭等不同形式的机械负荷，同时还因为气缸壁面与高温燃气直接接触而承受很大的热负荷。因此，机体应具有足够的强度和刚度，且耐磨损和耐腐蚀，并应对气缸进行适当的冷却，以免机体损坏和变形。机体也是最重的零件，应该力求结构紧凑、质量小，以减小整机的尺寸和质量。

2）机体的构造

机体是气缸体与曲轴箱的连铸体。绝大多数水冷发动机的气缸体与曲轴箱连铸在一起，而且多缸发动机的各个气缸也合铸成一个整体，如图2-5所示。

风冷发动机几乎无一例外地将气缸体与曲轴箱分别铸制，而且气缸体为单体的，如图2-6所示。

机体一般用高强度灰铸铁或铝合金铸造。在机体的前后壁和缸间横隔板上铸有支承曲轴的主轴承座或主轴承座孔以及满足润滑需要的纵、横油道。在水冷发动机气缸的外壁铸有冷却水套和分布水室，以增强散热。

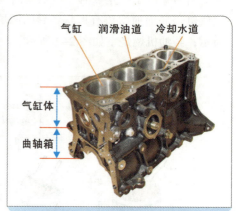

图2-5 水冷发动机的机体

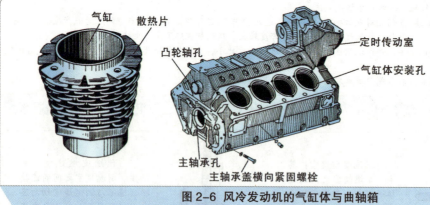

风冷发动机气缸体结构：由于金属对空气的换热系数仅是金属对水的换热系数的1/33。因此必须在风冷气缸的外壁铸制散热片，以增加散热面积，增强散热能力。

图2-6 风冷发动机的气缸体与曲轴箱

3）机体的分类

机体的构造与气缸排列形式、气缸结构形式和曲轴箱结构形式有关。

按气缸排列形式不同机体有三种：直列式、V形和水平对置式。

按气缸结构形式不同机体有三种（图2-7）：无气缸套式、干气缸套式和湿气缸套式。气缸内表面由于受高温高压燃气的作用并与高速运动的活塞接触而极易磨损，为了提高气缸的耐磨性和延长气缸的使用寿命而有不同的气缸结构形式和表面处理方法。

按曲轴箱结构形式不同机体有三种（图2-8）：平底式、龙门式和隧道式。

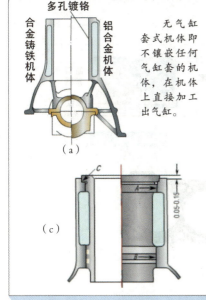

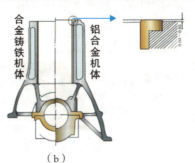

干气缸套式机体是在一般灰铸铁机体的气缸套座孔内压入或装入干式气缸套。气缸套不与冷却液接触。干式气缸套的外圆表面和气缸套座孔内表面均须精加工，以保证必要的几何精度和便于拆装。

湿气缸套式机体，其气缸套外壁与冷却液直接接触。用合金铸铁制造的湿式气缸套的壁厚一般为 5～8 mm。湿式气缸套下部用 1～3 道耐热耐油的橡胶密封圈进行密封，防止冷却液泄漏。湿式气缸套上部的密封利用的是气缸套装入机体后，气缸套顶面高出机体顶面 0.05～0.15 mm。

图 2-7 不同气缸结构形式的机体

（a）无气缸套式机体；（b）干气缸套式机体；（c）湿气缸套式机体

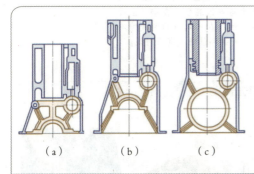

平底式机体的底平面与曲轴轴线齐平。这种机体高度小、质量小、加工方便，但与另外两种机体相比刚度较差。

龙门式机体是指底平面下沉到曲轴轴线以下的机体。机体底平面到曲轴轴线的距离称作龙门高度。龙门式机体由于高度增加，其弯曲刚度和扭转刚度均比平底式机体有显著提高。机体底平面与油底壳之间的密封也比较简单。

隧道式机体是指主轴承孔不剖分的机体结构。这种机体配以窄型滚动轴承可以缩短机体长度。隧道式机体的刚度大，主轴承孔的同轴度好，但是由于大直径滚动轴承的圆周速度不能很大，而且滚动轴承价格较贵，因此限制了隧道式机体在高速发动机上的应用。

图 2-8 不同曲轴箱结构形式的机体

（a）平底式；（b）龙门式；（c）隧道式

4. 气缸垫

1）气缸垫的功用

气缸垫是机体顶面与气缸盖底面之间的密封件。其作用是保持气缸密封不漏气，保持由机体流向气缸盖的冷却液和机油不泄漏。气缸垫承受拧紧气缸盖螺栓时造成的压力，并受到气缸内燃烧气体高温、高压的作用以及机油和冷却液的腐蚀。气缸垫应该具有足够的强度，并且要耐压、耐热和耐腐蚀。另外，还需要有一定的弹性，以补偿机体顶面和气缸盖底面的粗糙度和不平度以及发动机工作时反复出现的变形。

2）气缸垫的分类及结构

按所用材料的不同，气缸垫可分为金属-石棉衬垫、金属-复合材料衬垫和全金属衬垫等多种。气缸垫的类别与结构如图2-9所示。

图2-9 气缸垫的类别与结构

3）气缸垫的更换

发动机大修时必须更换气缸垫。气缸垫安装在气缸体、气缸盖之间，气缸体、气缸盖接触面都要涂上密封胶，以保证燃烧室的良好密封。气缸垫安装如图2-10所示，将新的气缸盖衬垫放到缸体上，注意正确的安装方向。

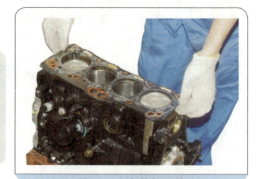

图2-10 安装气缸垫

5. 油底壳

1）油底壳的功用

油底壳的主要功用是储存机油和封闭机体或曲轴箱。

2）油底壳的构造

油底壳用薄钢板冲压或用铝铸制而成。油底壳内设有挡板，用以减轻汽车颠簸时油面的震荡。此外，为了保证汽车倾斜时机油泵能正常吸油，通常将油底壳局部做得较深。油底壳底部设放油螺塞。有的放油螺塞带磁性（图2-11），可以吸引机油中的铁屑。

图 2-11 油底壳

二、活塞连杆组

1. 活塞连杆组的功用与组成

活塞连杆组组成概述

功用：将燃烧过程中获得的动力传递给曲轴。

组成：由活塞、卡环、活塞销、连杆体、连杆轴承瓦、连杆轴承盖、连杆螺栓、连杆螺母组成，如图2-12所示。

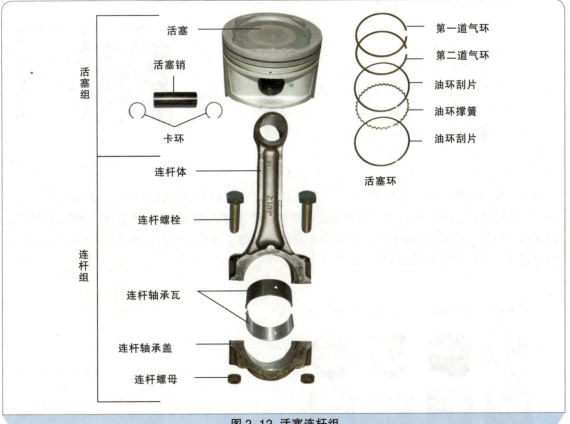

图 2-12 活塞连杆组

2. 活塞组

1）活塞

活塞的功用及工作条件

活塞的主要功用是承受燃烧气体压力，并将此力通过活塞销传给连杆以推动曲轴旋转。此外活塞顶部与气缸盖、气缸壁共同组成燃烧室。

活塞是发动机中工作条件最严酷的零件。作用在活塞上的有气体力和往复惯性力。活塞顶与高温燃气直接接触，使活塞顶的温度很高。活塞在侧压力的作用下沿气缸壁面高速滑动，由于润滑条件差，因此摩擦损失大，磨损严重。

现代汽车发动机不论是汽油机还是柴油机均广泛采用铝合金活塞，只在极少数汽车发动机上采用铸铁或耐热钢活塞。

活塞的构造

图2-13 活塞的构造

活塞可视为由顶部、头部和裙部三部分构成，如图2-13所示。

活塞顶部：汽油机活塞顶部的形状与燃烧室形状和压缩比大小有关，如图2-14所示。柴油机活塞顶部形状取决于混合气形成方式和燃烧室形状，如图2-15所示。

活塞头部：由活塞顶至油环槽下端面之间的部分称为活塞头部。在活塞头部加工有用来安装气环和油环的气环槽和油环槽。在油环槽底部还加工有回油孔或横向切槽，油环从气缸壁上刮下来的多余机油，经回油孔或横向切槽流回油底壳。

活塞裙部：活塞头部以下的部分为活塞裙部。裙部的形状应该保证活塞在气缸内得到良好的导向，气缸与活塞之间在任何工况下都应保持均匀的、适宜的间隙。间隙过大，活塞敲缸；间隙过小，活塞可能被气缸卡住。

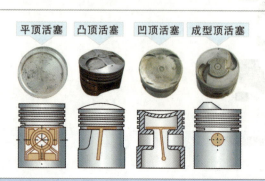

汽油机活塞顶部：形状与燃烧室形状和压缩比大小有关。大多数汽油机采用平顶活塞，其优点是受热面积小，加工简单。采用凹顶活塞，可以通过改变活塞顶上凹坑的尺寸来调节发动机的压缩比。

图2-14 汽油机活塞

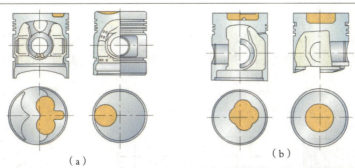

柴油机活塞顶部：形状取决于混合气形成方式和燃烧室形状。分隔式燃烧室柴油机的活塞顶部设有形状不同的浅凹坑，以便在主燃烧室内形成二次涡流，增进混合气形成与燃烧；直喷式燃烧室全部容积都集中在气缸内，且在活塞顶部设有深浅不一、形状各异的燃烧室凹坑，喷油器将燃油直接喷入燃烧室凹坑内，使其与运动气流相混合，形成可燃混合气并燃烧。

图 2-15 柴油机活塞

(a) 分隔式燃烧室柴油机活塞；(b) 直喷式燃烧室柴油机活塞

2）活塞环

活塞环的功用

活塞环有气环和油环（图 2-16）两部分。

气环的主要功用是密封和传热，保证活塞与气缸壁间的密封，防止气缸内的可燃混合气和高温燃气漏入曲轴箱，并将活塞顶部接收的热传给气缸壁，避免活塞过热。

油环的主要功用是刮除飞溅到气缸壁上的多余的机油，并在气缸壁上涂布一层均匀的油膜。活塞环工作时受到气缸中高温、高压燃气的作用，并在润滑不良的条件下在气缸内高速滑动。由于气缸壁面的形状误差，活塞环在上下滑动的同时还在环槽内产生径向移动。这不仅加重了环与环槽的磨损，还使活塞环因受到交变弯曲应力的作用而容易折断。

图 2-16 活塞环

气环

气环的密封原理（图 2-17）：活塞环在自由状态下不是正圆形，其外廓尺寸比气缸直径大。当活塞环装入气缸后，在其自身的弹力作用下环的外圆面与气缸壁贴紧形成第一密封面，气缸内的高压气体不可能通过第一密封面泄漏。高压气体可能通过活塞顶岸与气缸壁之间的间隙进入活塞环的侧隙和径向间隙中。进入侧隙中的高压气体使环的下侧面与环槽的下侧面贴紧形成第二密封面，高压气体也不可能通过第二密封面泄漏。进入径向间隙中的高压气体只能使环的外圆面与气缸壁更加贴紧。这时漏气的唯一通道就是活塞环的开口端隙。如果几道活塞环的开口相互错开，那么就形成了迷宫式漏气通道。由于侧隙、径向间隙和端隙都很小，气体在通道内的流动阻力很大，致使气体压力 p 迅速下降，最后漏入曲轴箱内的气体就很少了，一般仅为进气量的 0.2%～1.0%。

气环开口形状（图 2-18）：开口形状对漏气量有一定影响。直开口工艺性好，但密封性差；阶梯形开口密封性好，工艺性差；斜开口的密封性和工艺性介于前两种开口之间，斜角一般为 30°或 45°。

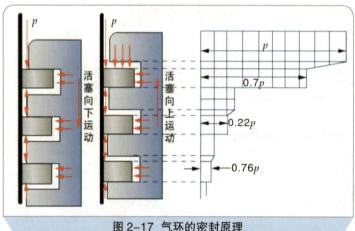

图 2-17 气环的密封原理

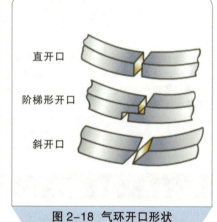

图 2-18 气环开口形状

气环的断面形状：气环的断面形状多种多样（图 2-19），根据发动机的结构特点和强化程度，选择不同断面形状的气环组合，可以得到最好的密封效果和使用性能。

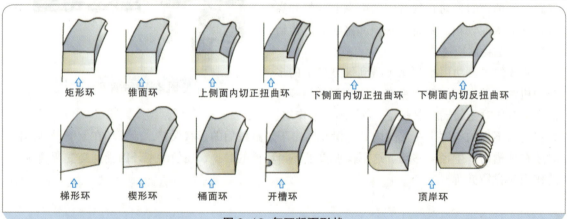

图 2-19 气环断面形状

矩形环断面为矩形，形状简单，加工方便，与气缸壁接触面积大，有利于活塞散热，但磨合性差，且会产生"泵油作用"，使机油消耗量增加，活塞顶及燃烧室壁面积炭；

锥面环，环的外圆面为锥角很小的锥面，与气缸壁为线接触，磨合性好，传热性差所以不用作第一道气环，由于锥角很小，一般不易识别，为避免装错，在环的上侧面标有向上的记号；

扭曲环断面不对称的气环装入气缸后，由于弹性内力的作用使断面发生扭转，故称扭曲环；

正扭曲环，将内圆面的上边缘或外圆面的下边缘切掉一部分，整个气环将扭曲成碟子形，消除了泵油现象，减轻了由环对环槽的冲击而引起的磨损；

反扭曲环，将内圆面的下边缘切掉一部分，气环将扭曲成盖子形，消除了泵油现象，减轻了由环对环槽的冲击而引起的磨损；

梯形环，断面为梯形，优点是抗黏结性好，多用作柴油机的第一道气环；

桶面环，环的外圆面为外凸圆弧形，密封性、磨合性及对气缸壁表面形状的适应性都比较好；

开槽环，在外圆面上加工出环形槽，在槽内填充能吸附机油的多孔性氧化铁，有利于润滑、磨合和密封；

顶岸环，断面为"L"形，顶岸环距活塞顶面近，在做功行程中，燃气压力能迅速作用于环的上侧面和内圆面，使环的下侧面与环槽的下侧面、外圆面与气缸壁面贴紧，有利于密封，可以减少汽车尾气 HC 的排放量。

油环

油环类型：油环有槽孔式、槽孔撑簧式和钢带组合式三种类型。

槽孔式油环：因为油环的内圆面基本上没有气体力的作用，所以槽孔式油环的刮油能力主要靠油环自身的弹力。为了减小环与气缸壁的接触面积，增大接触压力，在环的外圆面上加工出环形集油槽，形成上下两道刮油唇，在集油槽底加工有回油孔（图2-20）。由上下刮油唇刮下来的机油经回油孔和活塞上的回油孔流回油底壳。这种油环结构简单，加工容易，成本低。

槽孔撑簧式油环：在槽孔式油环的内圆面加装撑簧即为槽孔撑簧式油环。一般作为油环撑簧的有螺旋弹簧、板形弹簧和轨形弹簧三种。这种油环由于增大了环与气缸壁的接触压力，而使环的刮油能力和耐久性有所提高。

图2-20 槽孔式油环

钢带组合式油环：其结构形式很多，钢带组合式油环由上、下刮片和轨形撑簧组合而成（图2-21）。撑簧不仅使刮片与气缸壁贴紧，而且还使刮片与环槽侧面贴紧。这种组合油环的优点是接触压力大，既可增强刮油能力，又能防止上窜机油。另外，上下刮片能单独动作，因此对气缸失圆和活塞变形的适应能力强。但钢带组合式油环需用优质钢制造，成本高。

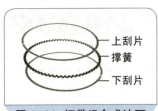

图2-21 钢带组合式油环

3）活塞销

活塞销的功用

活塞销用来连接活塞和连杆，并将活塞承受的力传给连杆或相反。活塞销在高温条件下承受很大的周期性冲击负荷，且由于活塞销在销孔内摆动角度不大，难以形成润滑油膜，因此润滑条件较差。为此活塞销必须有足够的刚度、强度和耐磨性，质量尽可能小，销与销孔应该有适当的配合间隙和良好的表面质量。在一般情况下，活塞销的刚度尤为重要，如果活塞销发生弯曲变形，可能使活塞销座损坏。

活塞销的结构

活塞销的结构形状很简单,基本上是一个厚壁空心圆柱。其内孔形状有圆柱形、两段截锥形和组合形。圆柱形孔加工容易,但活塞销的质量较大;两段截锥形孔的活塞销质量较小,且因为活塞销所受的弯矩在其中部最大,所以接近于等强度梁,但锥孔加工较难。

活塞销的连接

活塞销与活塞销座孔和连杆小头的连接方式一般有全浮式和半浮式两种,如图2-22所示。

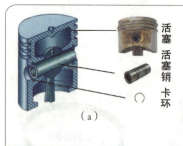 

全浮式:在发动机正常工作温度下,活塞销能在连杆衬套和活塞销座孔中自由转动,减小了磨损且使磨损均匀。活塞上的活塞销孔两端有卡环槽,用来装卡环以固定活塞销。此种活塞销应用广泛。

半浮式:活塞销中部与连杆小头采用紧固螺栓连接,活塞只能在两端销座内做自由摆动。这种连接方式省去了连杆小头衬套。

图2-22 活塞销的连接方式

(a)全浮式;(b)半浮式

3. 连杆组

1)连杆组的功用与组成

连杆组的功用及工作条件

连杆组的功用是将活塞承受的力传给曲轴,并将活塞的往复运动转变为曲轴的旋转运动。连杆小头与活塞销连接,同活塞一起做往复运动;连杆大头与曲柄销连接,同曲轴一起做旋转运动,因此在发动机工作时连杆做复杂的平面运动。连杆组主要受压缩、拉伸和弯曲等交变负荷。最大压缩载荷出现在做功行程上止点附近,最大拉伸载荷出现在进气行程上止点附近。在压缩载荷和连杆组做平面运动时产生的横向惯性力的共同作用下,连杆体可能发生弯曲变形。

连杆组的组成

连杆组包括连杆体、连杆盖、连杆螺栓和连杆轴承等零件。习惯上常常把连杆体、连杆盖和连杆螺栓合起来称作连杆,有时也称连杆体为连杆。

2)连杆的构造

连杆由小头、杆身和大头构成。连杆组件如图2-23所示。

连杆小头

连杆小头是用来安装活塞销的圆形座孔。连杆小头与活塞销的连接方式有两种，即全浮式和半浮式。全浮式活塞销工作时，在连杆小头孔和活塞销孔中转动，可以保证活塞销沿圆周磨损均匀。为防止活塞销两端刮伤气缸壁，在活塞销孔外侧装置活塞销挡圈。半浮式活塞销是用螺栓将活塞销夹紧在连杆小头孔内，这时活塞销只在活塞销孔内转动，在小头孔内不转动。小头孔不装衬套，销孔中也不装活塞销挡圈。

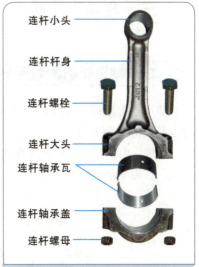

图 2-23 连杆组件

连杆杆身

连杆杆身通常做成"工"字形断面，抗弯强度好，质量小。有的连杆在杆身内加工有油道，用来润滑小头衬套和冷却活塞（须在小头顶部加工出喷油孔）。

连杆大头

连杆大头与曲轴的连杆轴颈相连，有整体式和分开式两种。一般多采用分开式（连杆盖用螺栓或螺柱紧固，为使结合面在任何转速下都能紧密结合，连杆螺栓的拧紧力矩必须足够大。连杆盖装合到连杆体上时须严格定位，以防止连杆盖横向位移），分开式又分为平分和斜分两种，即连杆大头的切口形式有平切口（图 2-24）和斜切口（图 2-25）。

平切口连杆的剖分面垂直于连杆轴线。一般汽油机连杆大头尺寸都小于气缸直径，可以采用平切口。

图 2-24 平切口连杆大头

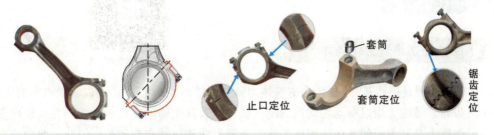

斜切口连杆的大头部分面与连杆轴线呈 30°～60° 的夹角。柴油机连杆既有平切口的，也有斜切口的。一般柴油机由于曲柄销直径较大，因此连杆大头的外形尺寸相应较大，欲在拆卸时能从气缸上端取出连杆体，必须采用斜切口连杆。

斜切口连杆是为了保证连杆轴承及连杆端盖的位置稳定，此外考虑连杆螺栓由于承受较大的剪切力而容易发生疲劳破坏，为此，应该采用能够承受横向力的定位方法。定位方法主要有止口定位、套筒定位、锯齿定位。锯齿定位在斜切口连杆上应用最广泛。

图 2-25 斜切口连杆大头

三、曲轴飞轮组

1. 曲轴飞轮组的功用与组成

功用：把活塞、连杆传来的气体力转变为转矩，用以驱动汽车的传动系统和发动机的配气机构以及其他辅助装置。

组成：由曲轴、飞轮及装在曲轴上的各零件（正时齿轮、扭转减震器、主轴承瓦、止推片等）组成，如图2-26所示。

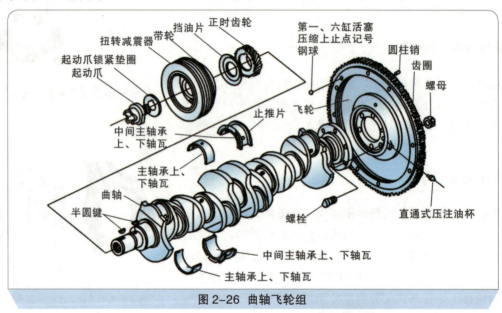

图 2-26 曲轴飞轮组

2. 曲轴

曲轴飞轮组组成概述

1）曲轴的功用及工作条件

曲轴的功用是把活塞、连杆传来的气体力转变为转矩，带动飞轮（用以驱动汽车的传动系统）和正时齿轮、带轮（用以驱动发动机的配气机构以及其他辅助装置）。曲轴在周期性变化的气体力、惯性力及其力矩的共同作用下工作，承受弯曲和扭转交变载荷，因此，曲轴应有足够的抗弯曲、抗扭转的疲劳强度和刚度，轴颈应有足够大的承压表面和耐磨性，曲轴的质量应尽量小，对各轴颈的润滑应该充分。

2）曲轴构造

曲轴基本上由若干个单元曲拐构成。一个连杆轴颈，左右两个曲柄和左右两个主轴颈构成一个单元曲拐。单缸发动机的曲轴只有一个曲拐，多缸直列式发动机曲轴的曲拐数与气缸数相同，V形发动机曲轴的曲拐数等于气缸数的一半。将若干个单元曲拐按照一定的相位连接起来再加上曲轴前、后端便构成一根曲轴。多数发动机的曲轴，在其曲柄上装有平衡重。曲轴的构造如图 2-27 所示。

主轴颈是曲轴的支撑部分。每个连杆轴颈两边都有一个主轴颈的，称为全支撑曲轴；主轴颈数等于或少于连杆轴颈数的，称为非全支撑曲轴。

连杆轴颈是曲轴与连杆的连接部分，直列发动机的连杆轴颈数目和气缸数相等；V 形发动机的连杆轴颈数等于气缸数的一半。

曲柄是主轴颈和连杆轴颈的连接部分，断面为椭圆形，为了平衡惯性力，曲柄处铸有（或紧固有）平衡重。

平衡重用来平衡发动机不平衡的离心力，有时还用来平衡一部分往复惯性力，从而使曲轴旋转平稳。

曲轴前端装有正时齿轮、驱动风扇、水泵的带轮以及启动爪等。为了防止机油沿曲轴轴颈外漏，在曲轴前端装有一个甩油盘，在齿轮室盖上装有油封，防止机油外漏。

曲轴后端用来安装飞轮，在后轴颈与飞轮凸缘之间制成挡油凸缘与回油螺纹，以阻止机油向后窜漏。

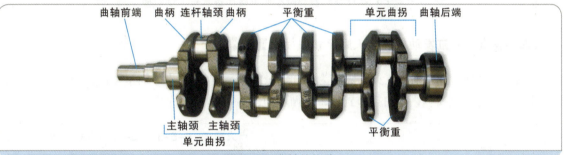

图 2-27 曲轴的构造

3）曲拐布置与多缸发动机的工作顺序

各曲拐的相对位置或曲拐布置取决于气缸数、气缸排列形式和发动机工作顺序。当气缸数和气缸排列形式确定之后，曲拐布置就只取决于发动机工作顺序。在选择发动机工作顺序时，应注意以下几点。

（1）应该使接连做功的两个气缸相距尽可能远，以减轻主轴承载荷和避免在进气行程中发生抢气现象。

（2）各气缸发火的间隔时间应该相同。发火间隔时间若以曲轴转角计则称发火间隔角。在发动机完成一个工作循环的曲轴转角内，每个气缸都应发火做功一次。对于气缸数为 i 的四冲程发动机，其发火间隔角应为 $720°/i$，即曲轴每转 $720°/i$ 时，就有一缸发火做功，以保证发动机运转平稳。

（3）V 形发动机左右两列气缸应交替发火。

四冲程直列四缸发动机的点火顺序和曲拐布置

四冲程直列四缸发动机的点火间隔角为720°/4 = 180°，四个曲拐在同一平面内，点火顺序为1-3-4-2 或 1-2-4-3，其曲拐布置与工作循环如图2-28 所示。

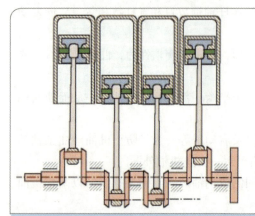

点火次序：1-2-4-3，工作循环表

曲轴转角/(°)	第一缸	第二缸	第三缸	第四缸
0～180	做功	压缩	排气	进气
180～360	排气	做功	进气	压缩
360～540	进气	排气	压缩	做功
540～720	压缩	进气	做功	排气

点火次序：1-3-4-2，工作循环表

曲轴转角/(°)	第一缸	第二缸	第三缸	第四缸
0～180	做功	排气	压缩	进气
180～360	排气	进气	做功	压缩
360～540	进气	压缩	排气	做功
540～720	压缩	做功	进气	排气

图2-28 四冲程直列四缸发动机曲拐布置与工作循环

四冲程直列六缸发动机的点火顺序和曲拐布置

四冲程直列六缸发动机点火间隔角为720°/6=120°，六个曲拐分别布置在三个平面内，点火顺序为1-5-3-6-2-4，其曲拐布置与工作循环如图2-29 所示。

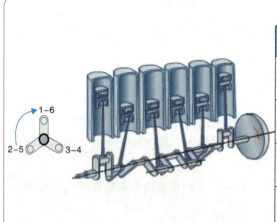

点火顺序：1-5-3-6-2-4，工作循环表

曲轴转角/(°)		第一缸	第二缸	第三缸	第四缸	第五缸	第六缸
0～180	0～60	做功	排气	进气	做功	压缩	进气
	60～120						
	120～180			压缩	排气		
180～360	180～240	排气	进气		做功	做功	压缩
	240～300						
	300～360			做功	进气		
360～540	360～420	进气	压缩			排气	做功
	420～480						
	480～540			排气	压缩		
540～720	540～600	压缩	做功			进气	排气
	600～660						
	660～720			进气	做功		

图2-29 四冲程直列六缸发动机曲拐布置与工作循环

四冲程V形六缸发动机的点火顺序和曲拐布置

四冲程V形六缸发动机的点火间隔角仍为120°，三个曲拐互成120°，点火顺序为R1-L3-R3-L2-R2-L1，其曲拐布置与工作循环如图2-30 所示。面对发动机的冷却风扇，右列气缸用 R 表示，由前向后气缸号分别为 R1、R2、R3；左列气缸用 L 表示，气缸号分别为 L1、L2和 L3。

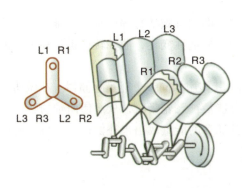

点火顺序：R1-L3-R3-L2-R2-L1，工作循环表

曲轴转角 /(°)		R1	R2	R3	L1	L2	L3
0 ~ 180	0 ~ 60		排气	进气	做功	进气	压缩
	60 ~ 120	做功		压缩			
	120 ~ 80				压缩	排气	
180 ~ 360	180 ~ 240		进气			压缩	做功
	240 ~ 300	排气		做功	进气		
	300 ~ 360		压缩				
360 ~ 540	360 ~ 420				做功		排气
	420 ~ 480	进气	做功			做功	
	480 ~ 540			排气	压缩		
540 ~ 720	540 ~ 600		做功			排气	进气
	600 ~ 660	压缩		进气	做功	排气	
	660 ~ 720		排气				压缩

图 2-30 四冲程 V 形六缸发动机曲拐布置与工作循环

四冲程 V 形八缸发动机的点火顺序和曲拐布置

四冲程 V8 发动机的点火间隔角为 720°/8 = 90°，四个曲拐互成 90°，点火顺序为 R1-L1-R4-L4-L2-R3-L3-R2 或 L1-R4-L4-L2-R3-R2-L3-R1，其曲拐布置与工作循环如图 2-31 所示。

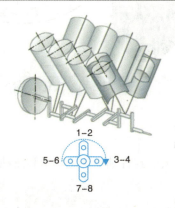

点火顺序：R1-L1-R4-L4-L2-R3-L3-R2，工作循环表

曲轴转角 /(°)		R1	R2	R3	R4	L1	L2	L3	L4
0 ~ 180	0 ~ 90	做功	做功	排气	压缩	压缩	进气	排气	进气
	90 ~ 180		压缩	进气	做功				压缩
180 ~ 360	180 ~ 270	排气			做功	压缩	排气	做功	
	270 ~ 360		压缩	排气			进气		做功
360 ~ 540	360 ~ 450	进气		压缩	排气	做功		压缩	
	450 ~ 540		压缩	做功	进气		压缩		排气
540 ~ 720	540 ~ 630	压缩	做功	进气	压缩	排气	做功	进气	
	630 ~ 720		排气		压缩		进气		进气

图 2-31 四冲程 V 形八缸发动机曲拐布置与工作循环

3. 飞轮

对于四冲程发动机来说，每四个活塞行程做功一次，即只有做功行程做功，而排气、进气和压缩三个行程都要消耗功，因此，曲轴对外输出的转矩呈周期性变化，曲轴转速也不稳定。为了改善这种状况，在曲轴后端装置飞轮。

飞轮是转动惯量很大的盘形零件，如图 2-32 所示，其作用如同一个能量存储器。在做功行程中发动机传输给曲轴的能量，除对外输出外，还有部分能量被飞轮吸收，从而使曲轴的转速不会升高很多。在排气、进气和压缩三个行程中，飞轮将其储存的能量放出来补偿这三个行程所消耗的功，从而使曲轴转速不致降低太甚。

除此之外，飞轮还有下列功用：

（1）飞轮是摩擦式离合器的主动件。
（2）在飞轮轮缘上镶嵌有供起动发动机用的飞轮齿圈。
（3）在飞轮上还刻有上止点记号，用来校准点火定时或喷油定时以及调整气门间隙。
（4）现代电控发动机飞轮上还装有另一齿圈，用以产生上止点信号和转速信号的脉冲信号轮。

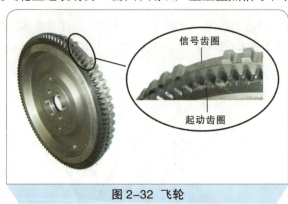

图 2-32 飞轮

4. 发动机滑动轴承

汽车发动机滑动轴承有连杆衬套、连杆轴承、主轴承和曲轴止推轴承等。

1）连杆轴承和主轴承

连杆轴承和主轴承均承受交变载荷和高速摩擦，因此轴承材料必须具有足够的抗疲劳强度，而且要摩擦小、耐磨损和耐腐蚀。

连杆轴承和主轴承均由上、下两片轴瓦对合而成，如图 2-33 所示。每一片轴瓦都是由钢背和减摩合金层或钢背、减摩合金层和软镀层构成，前者称为二层结构轴瓦，后者称为三层结构轴瓦。钢背是轴瓦的基体，由 1～3 mm 厚的低碳钢板制造，以保证有较高的机械强度。在钢背上浇铸减摩合金层，减摩合金材料主要有白合金、铜基合金和铝基合金。白合金也叫巴氏合金，应用较多的锡基白合金减摩性好，但疲劳强度低，耐热性差，温度超过 100 ℃，硬度和强度均明显下降，因此常用于负荷不大的汽油机。铜铅合金的突出优点是承载能力大，抗疲劳强度高，耐热性好，但磨合性能和耐腐蚀性差。为了改善其磨合性和耐腐蚀性，通常在铜铅合金表面电镀一层软金属而成三层结构轴瓦，多用于高强化的柴油机。铝基合金包括铝锑镁合金、低锡铝合金和高锡铝合金。含锡 20% 以上的高锡铝合金轴瓦因为有较好的承载能力、抗疲劳强度和减摩性能而被广泛地用于汽油机和柴油机。软镀层是指在减摩合金层上电镀一层锡或锡铅合金,其主要作用是改善轴瓦的磨合性能并作为减摩合金层的保护层。

轴瓦在自由状态时,两个结合面外端的距离比轴承孔的直径大,其差值称为轴瓦的张开量。在装配时,轴瓦的圆周过盈变成径向过盈,对轴承孔产生径向压力,使轴瓦紧密贴合在轴承孔内,以保证其良好的承载和导热能力,提高轴瓦工作的可靠性和延长其使用寿命。

图 2-33 主轴承

2)曲轴止推轴承

汽车行驶时由于踩踏离合器而对曲轴施加轴向推力,使曲轴发生轴向窜动。过大的轴向窜动将影响活塞连杆组的正常工作,破坏正确的配气定时和柴油机的喷油定时。为了保证曲轴轴向的正确定位,需装设止推轴承,而且只能在一处设置止推轴承,以保证曲轴受热膨胀时能自由伸长。曲轴止推轴承有整体式(翻边轴瓦)和组合式(半圆环止推片和止推轴承环),如图 2-34 所示。

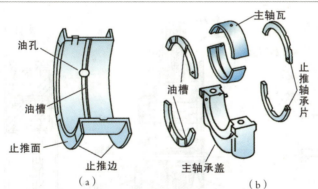

图 2-34 曲轴止推轴承
(a)整体式;(b)组合式

翻边轴瓦是将轴瓦两侧翻边作为止推面,在止推面上浇铸减摩合金。轴瓦的止推面与曲轴止推面之间留有 0.06～0.25 mm 的间隙,从而限制了曲轴轴向窜动量。

半圆环止推片一般为四片,上、下各两片,分别安装在机体和主轴承盖上的浅槽中,用定位舌或定位销定位,防止其转动。装配时,需将有减摩合金层的止推面朝向曲轴的止推面,不能装反。

止推轴承环为两片止推圆环,分别安装在第一主轴承盖的两侧。

5. 曲轴前、后端密封

曲轴前端借助甩油盘和橡胶油封实现密封,如图 2-35 所示。发动机工作时,落在甩油盘上的机油,在离心力的作用下被甩到定时传动室盖的内壁上,再沿壁面流回油底壳。即使有少量机油落到甩油盘前面的曲轴上,也会被装在定时传动室盖上的自紧式橡胶油封挡住。

曲轴后端的密封装置,如图 2-36 所示。由于近年来橡胶油封的耐油、耐热和耐老化性能的提高,在现代汽车发动机上曲轴后端的密封越来越多地采用与曲轴前端一样的自紧式橡胶油封。自紧式油封由金属保持架、氟橡胶密封环和拉紧弹簧构成。

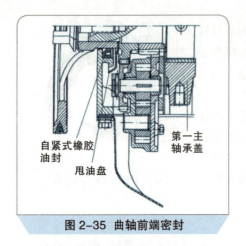
图 2-35 曲轴前端密封

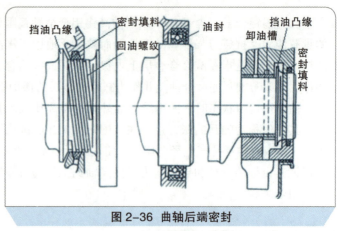
图 2-36 曲轴后端密封

6. 曲轴扭转减震器

扭转减震器安装在曲轴前端。当发动机工作时,曲轴在周期性变化的转矩作用下,各曲拐之间发生周期性相对扭转的现象称为扭转振动,简称扭振。当发动机转矩的变化频率与曲轴扭转的自振频率相同或成整数倍时,就会发生共振。共振时扭转振幅增大,并导致传动机构磨损加剧,发动机功率下降,甚至使曲轴断裂。为了消减曲轴的扭转振动,现代汽车发动机多在扭转振幅最大的曲轴前端装置扭转减震器,如图 2-37 所示。

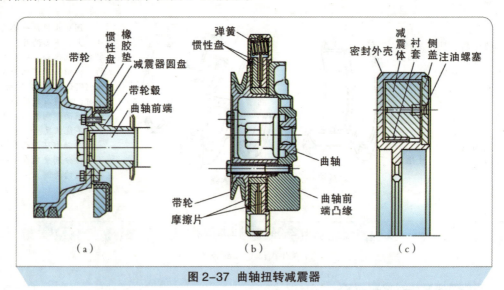

图 2-37 曲轴扭转减震器
(a) 橡胶摩擦式扭转减震器;(b) 干摩擦式扭转减震器;(c) 黏液式扭转减震器

7. 平衡机构

现代轿车特别重视乘坐的舒适性和噪声水平,为此必须将引起汽车振动和噪声的发动机不平衡力及不平衡力矩减小到最低限度。在曲轴的曲柄臂上设置的平衡重只能平衡旋转惯性力及其力矩,而往复惯性力及其力矩的平衡则需采用专门的平衡机构,如图 2-38 所示。

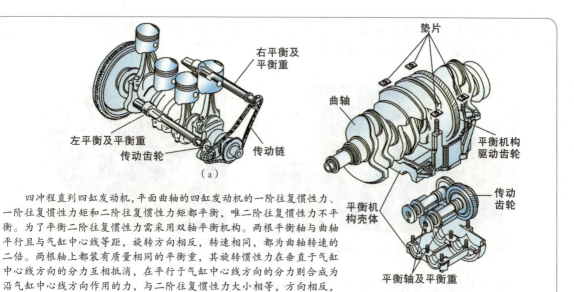

图 2-38 平衡机构
(a) 链传动双轴平衡机构；(b) 齿轮传动双轴平衡机构

四冲程直列四缸发动机，平面曲轴的四缸发动机的一阶往复惯性力、一阶往复惯性力矩和二阶往复惯性力矩都平衡，唯二阶往复惯性力不平衡。为了平衡二阶往复惯性力需采用双轴平衡机构。两根平衡轴与曲轴平行且与气缸中心线等距，旋转方向相反，转速相同，都为曲轴转速的二倍。两根轴上都装有质量相同的平衡重，其旋转惯性力在垂直于气缸中心线方向的分力互相抵消，在平行于气缸中心线方向的分力则合成为沿气缸中心线方向作用的力，与二阶往复惯性力大小相等，方向相反，从而使二阶往复惯性力得到平衡。

任务二　曲柄连杆机构的拆装

一、曲柄连杆机构的拆装

气缸盖的安装与拆卸

1. 气缸盖的拆装

1）拆卸（以创驰蓝天 2.0 发动机为例，如图 2-39、图 2-40 所示）

图 2-39　创驰蓝天 2.0 发动机（1）

图 2-40　创驰蓝天 2.0 发动机（2）

（1）拆下发动机上各传感器、执行器线束，如图2-41所示。

（2）取下排气歧管，如图2-42所示。

图2-41 拆下发动机上各传感器、执行器线束

图2-42 取下排气歧管

（3）拧下发动机进气歧管螺栓，取下发动机进气歧管，如图2-43所示。

（4）松开水泵固定螺栓，取下水泵总成，如图2-44所示。

图2-43 取下进气歧管

图2-44 取下水泵总成

（5）松开进气门调整电机固定螺栓，取下调整电机，如图2-45～图2-47所示。

图2-45 松开进气门正时调整电机螺栓

图2-46 取下密封胶圈

（6）拆卸出水管座，如图2-48所示。

（7）取下高压油泵，如图2-49所示。

（8）松开曲轴箱通风阀螺栓，取下通风阀，如图2-50所示。

（9）取下点火线圈，如图2-51所示。

图2-47 取下电机后

图 2-48 拆卸出水管座

图 2-49 拆卸高压油泵

图 2-50 拆卸通风阀

图 2-51 拆卸点火线圈

（10）用火花塞套筒，取下火花塞，如图 2-52 所示。

（11）发动机附件拆解完毕，接着拧下气门室盖固定螺栓，取下气门室盖，如图 2-53 所示。

图 2-52 拆卸火花塞

图 2-53 取下气门室盖

（12）接下来拆卸的是高压油轨，燃油压力传感器位于油轨左侧，如图 2-54 所示。

（13）取下正时电磁阀，如图 2-55 所示。

（14）松开曲轴皮带轮螺栓，取下曲轴皮带轮，如图 2-56 所示。

（15）曲轴皮带轮卸下后，松开时规盖上的全部螺栓，便可卸下时规盖，如图 2-57 所示。

（16）卸下链条张紧器后，取下正时链条，如图 2-58 所示。

图 2-54 拆卸高压油轨

图 2-55 取下正时电磁阀

图 2-56 取下曲轴皮带轮

图 2-57 拆卸时规盖

图 2-58 拆卸正时链条

（17）拆卸凸轮轴盖，取下凸轮轴，如图 2-59 所示。

（18）取下滚子摇臂及液压挺柱（图 2-60），如图 2-61 所示。

（19）拧下缸盖螺栓，取下气缸盖，如图 2-62 所示。气缸盖拆卸完毕。

图 2-59 取下凸轮轴

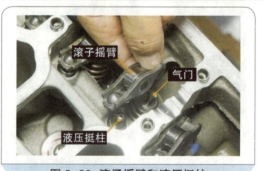

图 2-60 滚子摇臂和液压挺柱

图 2-61 取下液压挺柱

图 2-62 取下气缸盖

2）安装

按拆卸过程的相反步骤安装。

2. 油底壳的拆装

油底壳的安装与拆卸

1）拆卸（以科鲁兹发动机为例）

（1）用套筒工具取下油底壳固定螺栓，如图 2-63 所示。
（2）取下油底壳，如图 2-64 所示。

图 2-63 取下油底壳固定螺栓

图 2-64 取下油底壳

2）安装

按拆卸过程的相反顺序安装。注意：应将油底壳与缸体接触面原有的密封胶用铲刀剔除，然后打上新密封胶，如图 2-65 所示。

3. 活塞连杆组的拆装

1）拆卸（以科鲁兹发动机为例）

活塞连杆组的拆装

（1）取下缸盖（图 2-66）和油底壳（图 2-64）。

图 2-65 涂抹密封胶

图 2-66 取下缸盖

（2）用套筒松开固定螺母（图2-67），取下时规盖（图2-68）。

图2-67 松开固定螺母

图2-68 取下时规盖

（3）取下密封垫片，如图2-69所示。
（4）用扭力扳手，拧松连杆盖固定螺母，如图2-70所示。

图2-69 取下密封垫片

图2-70 拧松连杆盖固定螺母

（5）将机体横置，取下连杆固定螺母及连杆盖，如图2-71和图2-72所示。

图2-71 取下连杆固定螺母和连杆盖

图2-72 取下连杆固定螺母和连杆盖后

（6）用橡胶锤轻推连杆本体，将活塞连杆组取出，如图2-73所示。注意：另一人在对面接住活塞，防止活塞掉于地面，如图2-74所示。
（7）同理，拆下其他活塞连杆组，如图2-75所示。

2）安装

按拆卸过程的相反步骤安装。

图 2-73 取下活塞连杆组

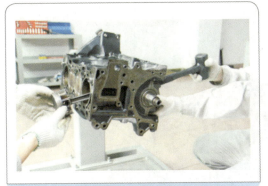
图 2-74 另一个人配合防止掉地

图 2-75 拆下其他活塞连杆组

4.活塞连杆组的分解与组装

（1）用活塞环拆下第一道气环，如图 2-76 所示。

（2）同样方法用活塞环拆装钳拆下第二道气环，如图 2-77 所示。

分离活塞连杆组

图 2-76 取下第一道气环

图 2-77 取下第二道气环

（3）拆下组合油环（组合油环包括上刮片、下刮片、衬簧），如图 2-78 所示。

（4）用尖嘴钳拆下活塞销卡环，如图 2-79 所示。

（5）用专用工具拆下活塞销，取出活塞销，如图 2-80 所示。

（6）安装。按分解过程的相反顺序进行安装。

图 2-78 拆下组合油环

图 2-79 拆下活塞销卡环

图 2-80 拆下活塞销

5. 曲轴的拆装

拆卸曲轴

1）拆卸（以科鲁兹发动机为例）

（1）松开曲轴轴承盖螺栓，如图 2-81 和图 2-82 所示。

（2）用橡胶锤轻轻敲击曲轴轴承盖，如图 2-83 所示，使轴承盖松动，取下曲轴轴承盖，如图 2-84 所示。

（3）取下曲轴，如图 2-85 所示。

（4）取下轴瓦和止推垫片，如图 2-86 所示。

（5）拆卸完成。

图 2-81 松开曲轴轴承盖螺栓（一）

2）安装

按拆卸过程的相反步骤安装。

安装曲轴

图 2-82 松开曲轴轴承盖螺栓（二）

图 2-83 敲松曲轴轴承盖

图 2-84 取下曲轴轴承盖

图 2-85 取下曲轴

图 2-86 取下轴瓦和止推垫片

二、曲柄连杆机构的检修

1. 机体的检修

1）清理机体

（1）用衬垫刮刀将活塞顶面的积炭和机体表面上的残留衬垫材料清除掉，用软刷和溶剂彻底清洗气缸体，如图 2-87 所示。

（2）用压缩空气吹去螺栓孔中的积炭和机油。注意：在使用高压空气时，保护好你的眼睛。

图 2-87 清除机体上的衬垫材料

2）修去气缸上部凸起部分

去除气缸孔口因磨损而产生的凸台及因燃烧产生残留物，如果磨损量小于 0.2 mm，则用缸口绞刀修去磨缸口面。

3）检查气缸体顶

检查气缸体顶平面、主轴承座、螺孔、油道、内腔表面有无损伤、有无裂纹。

4）检查气缸是否有垂直方向擦痕

检查气缸是否有垂直方向擦痕。若有较深的擦痕，则4个气缸应重新镗缸。必要时更换气缸体。

5）检测气缸体表面的平面度

用精密直尺和厚薄规测量气缸体表面的平面度。可用平尺放在平面上，然后用塞尺测量平尺与平面间的间隙，如图2-88所示。塞入塞尺片的最大厚度值就是变形量，一般气缸体上平面的平面度误差，每50 mm×50 mm范围内均应不大于0.05 mm，与其配合的整个气缸体上平面应不大于0.20 mm。如果翘曲度大于最大值，则应更换气缸体。

6）气缸体主轴承座孔、凸轮轴座孔的检测

装上主轴承盖并按规定扭矩拧紧，先检验座孔圆度及圆柱度误差，用内径千分尺或内径百分表沿圆周测量3~5点，沿轴线方向测量三处，主轴承座孔的圆度及圆柱度误差对于铸铁气缸体不大于0.01 mm，对于铝合金气缸体不大于0.015 mm。如图2-89所示。

图2-88 检测气缸体表面的平面度

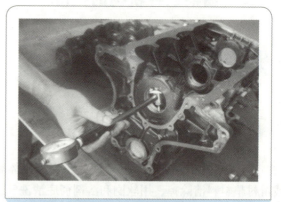

图2-89 检测座孔圆度

7）气缸圆度和圆柱度检测

气缸磨损的测量主要是确定气缸磨损后的圆度和圆柱。将量缸表的测杆伸入气缸内，测量包括气缸最大磨损断面在内的活塞全行程内的上、中、下三个断面，每个断面必须测量发动机纵向和横向两条直径，才能正确地测量出气缸的最大磨损量及圆度和圆柱度误差，如图2-90所示。

气缸的圆度误差：在同一断面上测量到的最大与最小直径差值的一半，即为该断面的圆度误差。把在三个测量断面上测量到的最大的圆度误差作为气缸的圆度误差。

气缸的圆柱度误差：在三个断面内所测得的所有读数中最大与最小直径差值的一半即为气缸的圆柱度误差。

气缸的圆度误差达到 0.05～0.063 mm；圆柱度误差达到 0.175～0.250 mm；最大磨损量：有修理尺寸的气缸达 0.2 mm，无修理尺寸的气缸（薄型缸套）达到 0.4 mm。上述三项中，有一项达到限值时必须修理或更换。

气缸的圆度误差和圆柱度误差均小于限值，而磨损量小于 0.15 mm 时，可更换活塞及活塞环。

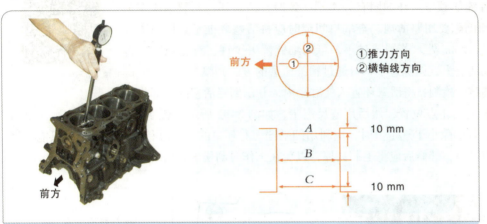

检查气缸缸径

图 2-90 用缸径表在 A、B、C 三位置分别检测①、②方向的缸径

2. 活塞组的检修

1）活塞的检修

活塞常见的故障形态为磨损、拉毛、烧蚀、变形等。

活塞的最大磨损是活塞环槽的磨损，主要原因是气缸压力的作用，使活塞环对活塞环槽的单位面积的压力很高。在高温高压作用下，第一道环槽磨损最严重，以下逐渐减轻。可用厚薄规测量活塞环与环槽壁之间的间隙。若间隙大于规定最大值应更换活塞；另外活塞销与销座孔之间易产生磨损，使其配合松旷，若由此出现异响，则应更换整套活塞和活塞销。

拉毛是当活塞和缸壁之间有小金属屑片接触时，由于摩擦产生的高温使小金属屑片熔接，而相对运动又将熔接处剪断，结果摩擦面就会变得粗糙并出现拉痕，产生拉毛的原因有：活塞环密封失效引起漏气增多、活塞过热、油膜破坏；若拉毛是在主推力面中间发生一条狭窄的拉毛面，说明椭圆度过大，若两推力面中间都有宽的拉毛面，说明配缸间隙过小；若拉毛发生在活塞销中心线 45°的四个对角位置上，则说明活塞销与销座配合太紧。拉毛严重或者活塞润滑严重不良容易烧蚀，此时应更换整套活塞组件。

活塞的变形可通过测量活塞裙部的椭圆度确定，若与标准值相差 0.04 mm 以上，则应更换活塞。

镗缸时要根据选配活塞的裙部直径确定镗削量，活塞裙部直径的测量方法如图 2-91 所示。在活塞下部离裙部底边约 15 mm 且与活塞销座轴线垂直方向处，用千分尺测量活塞裙部直径。

图 2-91 活塞裙部直径的测量方法

2）活塞环的检修

活塞环常见的故障为断裂、磨损、烧蚀、毛刺等。当活塞环端隙、侧隙过小或径向弹缩的频率与环的固有频率不一致时，活塞环易断裂。检查活塞环的端隙和侧隙要用厚薄规。查端口间隙时应将活塞环推至缸筒内离气缸体顶部至少 12mm 处。若端隙过小，可用细锉锉去少许。查侧隙时要将活塞环安装到活塞上，侧隙过小，可通过精细研磨的方法修整。

检测活塞环的侧隙、端隙

活塞环端隙的检测：将活塞环置入气缸套内，并用倒置活塞的顶部将环推入气缸内相应上止点位置，然后用塞尺测量，如图 2-92 所示。若端隙大于规定值则应重新选配活塞环；若端隙小于规定值时，应利用细平锉刀对环口的一端进行锉修。锉修时只能锉修一端且环口应平整，锉修后应将毛刺去掉，以免在工作时刮伤气缸壁。

 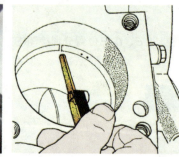

把缸颈擦干净。插入活塞环，然后用活塞向下推，确保其完全进入缸颈中。测量活塞环间隙时，活塞环必须至少离缸颈底部 12 mm，然后用塞尺测量间隙。

图 2-92 活塞环端隙的检测

活塞环侧隙的检测：将活塞环放入相应的环槽内，围绕环槽转动一圈，环在槽内应转动自如，然后用塞尺进行测量。侧隙的检测如图 2-93 所示。

活塞环背隙的检测：将活塞环放入活塞内，以环槽深度与活塞环径向厚度的差值来衡量。测量时，将环落入环槽底，再用深度游标卡尺测出环外圆柱面沉入环岸的数值，该数值一般为 0～0.35 mm。背隙的检测如图 2-94 所示。如背隙过小时，应更换活塞环或车深活塞环槽的底部。

活塞环的漏光度检测：检测活塞环的外圆表面与缸壁的接触和密封程度，漏光度（缝隙）过大，会造成漏气和窜机油的隐患。

把环平装进气缸上部，然后用活塞头部将其推至气缸内该环相应的上止点位置（图 2-95），用一比缸径略小的遮光板盖在环的上侧，在气缸下部放置灯泡，从上面看环与缸壁间是否漏光。用塞尺和量角器测量其漏光度。

活塞环开口处左右 30°范围内，不允许漏光。每处漏光弧长所对应的圆心角不超过 25°，同一环上漏光弧长所对应的圆心角总和不超过 45°。漏光处的间隙不大于 0.03 mm。

图 2-93 活塞环侧隙的检测

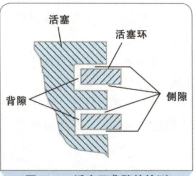
图 2-94 活塞环背隙的检测

图 2-95 漏光度的检查

3）活塞销的检修

活塞销常见的故障为磨损导致点蚀、斑点及弯曲变形和失圆变形等。若活塞销圆柱度大于 0.002 mm。圆度大于 0.0015 mm，则应更换活塞销。活塞销圆柱度误差的测量如图 2-96 所示。

检测活塞销与活塞孔配合间隙

图 2-96 活塞销圆柱度误差的测量

3. 曲轴检修

1）拆卸主轴承盖并检查油膜间隙

（1）先两边后中间按图示顺序分几次均匀地拧松并卸下主轴承盖螺栓，如图 2-97 所示。

（2）用拆下的主轴承盖螺栓前后撬动主轴承盖，并拆下主轴承盖、下主轴瓦和下止推垫片，如图 2-98 所示。

（3）向上取出曲轴，如图 2-99 所示。

（4）清洗所有主轴颈和主轴瓦。

（5）检查所有主轴颈和主轴瓦有无麻坑和划痕，如图 2-100 所示；如果主轴颈或主轴瓦有损伤，则应更换轴瓦。主轴颈有轻微划痕可用砂布打磨处理，如已划出很深伤痕则应更换曲轴。

图 2-97 拆主轴承盖螺栓

图 2-98 拆主轴承盖

图 2-99 取出曲轴

图 2-100 检查曲轴有无损伤

(6)将曲轴和主轴瓦装到气缸体上；用塑料油隙规穿过每个轴颈，测量油膜间隙，如图 2-101 所示。

(7)安装主轴承盖，如图 2-102 所示，先中间后两边，对角均匀地按规定的扭矩拧紧主轴承盖螺栓。

(8)拆下主轴承盖；在最宽处测量油隙，如图 2-103 所示。如果油膜间隙大于最大值，则应更换轴瓦。必要时可打磨或更换曲轴。

图 2-101 放置测隙塑料块

图 2-102 安装主轴承盖

图 2-103 测量油膜间隙

2）检查曲轴轴向间隙

用撬棒前后撬动曲轴，同时用千分表测量轴向间隙，如图 2-104 所示。如果轴向间隙大于最大值，则应更换整套止推垫片。

检测曲轴轴向间隙

图 2-104 测量曲轴轴向间隙

3）检查曲轴的径向跳动量

(1)将曲轴放在 V 形块上。

(2)用千分表测量中间轴颈的径向跳动，如图 2-105 所示。如果径向跳动大于最大值，则应更换曲轴。

4）检查主轴颈和连杆轴颈

(1)用千分尺测量每个主轴颈和连杆轴颈的直径，如图 2-106 所示。如果直径不合格，则应检查油膜间隙。必要时，打磨或更换曲轴。

(2)检查每个主轴颈和连杆轴颈的圆柱度。

如果圆柱度大于最大值，则应更换曲轴。必要时，可以磨削主轴颈或连杆轴颈至比成品尺寸偏小的直径，并应匹配新尺寸的轴瓦，保证油膜间隙合格。

图 2-105 检测径向跳动量

图 2-106 检测主轴颈和轴颈

检测曲轴弯曲变形

4. 飞轮的检修

1）飞轮齿圈的磨损和轮齿折断

在起动发动机时，起动机小齿轮与飞轮齿圈的齿端发生碰撞磨损，啮合时轮齿会发生磨损或折断。

2）飞轮端面的磨损

飞轮与离合器摩擦片结合面的磨损，是由于离合器工作频繁，在分离、接合的瞬间，总有打滑所造成的。当离合器有分离不彻底和打滑故障时，飞轮端面的磨损更加严重，致使其表面磨出凹槽、被烧灼，甚至产生裂纹。

飞轮齿圈的齿面磨损后，可将齿圈翻面再用。当轮齿连续损坏崩齿三个以上，或齿圈已双面严重磨损，则应更新齿圈。齿圈与飞轮是过盈配合，过盈量一般是 0.3～0.6 mm。齿圈加热（不超过 400℃），热压于飞轮外圈凸缘上。

当飞轮端面磨损成波浪形或起槽，深度超过 0.5 mm 时，应采用车削或磨削的方法修平，否则会加剧磨损和打滑并撞坏离合器摩擦片。

工作面修平后飞轮的总厚度一般不得减小 1.2 mm，平面度误差 < 0.10mm；飞轮与曲轴装配后的端面圆跳动误差 < 0.15mm，飞轮端面圆跳动误差的测量如图 2-107 所示。

曲轴、飞轮、离合器总成组装后，组件的动不平衡量应不大于原厂规定：东风、解放牌汽车不大于 100 g·cm，国产轻型货车、客车及进口货车一般不大于 70 g·cm，轿车不大于 30 g·cm。超过时，可在曲轴凸缘盘与飞轮之间加垫片调整。

在更换飞轮或齿圈、离合器压盘或总成及修整飞轮工作平面之后，都应重新进行组件的动平衡试验。

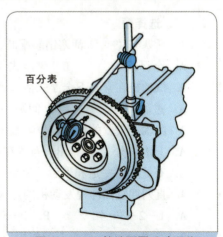
图 2-107 飞轮端面圆跳动误差的测量

课题小结

（1）曲柄连杆机构是内燃机实现工作循环，完成能量转换的传动机构，用来传递力和改变运动方式。主要零件可以分为三组，即机体组、活塞连杆组和曲轴飞轮组。

（2）机体组是发动机的基础，是曲柄连杆机构、配气机构和发动机各系统主要零部件的装配基体。活塞连杆组的功用是将燃烧过程中获得的动力传递给曲轴。曲轴飞轮组的功用是把活塞、连杆传来的气体力转变为转矩，用以驱动汽车的传动系统和发动机的配气机构及其他辅助装置。

一、填空题

1. 曲柄连杆机构的作用是：提供_____的场所，并将燃料燃烧后产生的作用在活塞上的_____转变成使曲轴旋转运动的_____，对外输出动力。

2. 活塞连杆组的主要零件有：_____、_____、_____、_____等。曲轴飞轮组的主要零件有：_____、_____和_____等。

3. 气缸盖用来封闭_____，并与_____共同构成燃烧室。

4. 气环的作用是_____、_____、帮助油环从缸壁上向下刮油；油环的作用是_____和_____、_____、帮助气环起密封作用。

二、判断题

1. 当气缸磨损超过允许的限度时，必须修理气缸或更换新的气缸套。（　　）
2. 活塞环槽是活塞的最大磨损部位，特别是最后一道环槽最为严重。（　　）
3. 活塞环在安装前应注意观察其上的各个标记，避免装错和装反。（　　）
4. 当气缸磨损超过允许的限度时，必须修理或更换新的气缸套。（　　）

三、选择题

1. 活塞与（　　）活塞销装配时，先将铝活塞在温度为70℃～90℃的水或机油中加热。
   A. 全浮式　　　B. 半浮式　　　C. 两者都不是

2. 汽油机在常温下全浮式活塞销与销座孔为（　　）配合，与连杆衬套为（　　）配合。
   A. 过盈　　　B. 间隙　　　C. 过渡

3. 曲轴上设置的轴向定位装置（　　）。
   A. 只有一处　　B. 布置在第一道、最后一道和中间一道主轴颈处
   C. 布置在第一道和最后一道

4. 直列四缸四冲程发动机的点火顺序一般为（　　）。
   A. 1—2—3—4　　B. 1—3—4—2　　C. 1—4—2—3

5. 学生A说，离心力的作用，加剧了发动机的振动。学生B说由于离心力的作用，连杆

和曲轴等零部件产生变形和磨损。他们的说法应该是（　　）。

  A. 只有学生 A 正确

  B. 只有学生 B 正确

  C. 学生 A 和 B 都正确

  D. 学生 A 和 B 都不正确

6. 学生 A 说活塞顶部形状是平顶。学生 B 说活塞顶部形状是凹顶。他们说法正确的是（　　）。

  A. 只有学生 A 正确

  B. 只有学生 B 正确

  C. 学生 A 和 B 都正确

  D. 学生 A 和 B 都不正确

7. 下列说法正确的是（　　）。

  A. 活塞顶的记号用来表示发动机功率

  B. 活塞顶的记号用来表示发动机转速

  C. 活塞顶的记号可以用来表示活塞及活塞销的安装和选配要求

  D. 活塞顶的记号用来表示连杆螺钉拧紧力矩

8. 活塞气环主要作用是（　　）；油环主要作用是（　　）。

  A. 密封　　　　　　B. 布油

  C. 导热　　　　　　D. 刮油

9. 活塞气环开有切口，具有弹性，在自由状态下其外径与气缸直径（　　）。

  A. 相等　　　　　　B. 小于气缸直径

  C. 大于气缸直径　　D. 不能确定

10. 下列说法正确的是（　　）。

  A. 一根曲轴的曲柄数目等于气缸数

  B. 一根曲轴的连杆轴颈数目等于气缸数

  C. 一根曲轴的主轴颈数目等于拟制数

  D. 曲轴的内部开有机油道

11. 下列说法正确的是（　　）。

  A. 飞轮的主要功用是用来储存做功行程的能量，增加发动机功率

  B. 飞轮的主要功用是用来储存做功行程的能量，用于克服进气、压缩和排气行程的阻力和其他阻力，使曲轴均匀地旋转

  C. 飞轮轮缘上的记号是供发动机安装和维修用

  D. 飞轮紧固螺钉承受作用力大，应以最大力矩拧紧

四、简答题

1. 名词解释：活塞环端隙。

2. 活塞、活塞销与连杆的连接形式有几种？各有什么特点？

3. 如何测量气缸套的圆度和圆柱度误差？

4. 简述发动机曲柄连杆机构拆装时应注意的事项。

5. 有一台四缸内燃机，工作顺序为 1—3—4—2，当第 3 缸处于排气下止点时，请分析各缸活塞的工作状况。

课题三　配气机构的构造与拆装

[学习任务]

1. 了解配气机构功用与组成及分类。
2. 掌握气门组、气门传动组的组成和各零部件的功用与结构。

[技能要求]

1. 能够独立对气门组进行拆装和检修。
2. 掌握气门传动组的拆装方法。
3. 能够对原车上的传动皮带进行拆装或更换。
4. 掌握气门间隙的调整方法。

任务一　配气机构的认识

一、配气机构功用与组成及分类

1. 功用

配气机构按照发动机的工作顺序和工作循环的要求，定时开启和关闭各缸的进、排气门，使新气进入气缸，废气从气缸排出。

进入气缸内的新气数量（进气量）对发动机性能的影响很大。进气量越多，发动机的有效功率和转矩越大。因此，配气机构首先要保证进气充分，进气量尽可能地多；同时，废气要排除干净，因为气缸内残留的废气越多，进气量将会越少。

2. 组成

目前，四冲程汽车发动机都采用气门式配气机构。气门式配气机构由气门组和气门传动组两部分组成，如图3-1所示，每组的零件组成则与气门的位置、凸轮轴的位置和气门驱动形式等有关。现代汽车发动机均采用顶置气门，即进、排气门置于气缸盖内，倒挂在气缸顶上。

3. 分类

1）按气门的布置位置不同分类

配气机构按气门布置方式可分为气门侧置式和气门顶置式两种型式，如图3-2所示。

2）按凸轮轴的位置分类

配气机构按凸轮轴的布置位置可分为凸轮轴下置式、凸轮轴中置式和凸轮轴上置式三种，如图3-3所示。

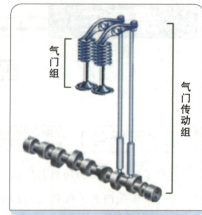

图 3-1 配气机构

气门侧置式：气门布置在气缸的一侧。缺点是燃烧室结构不紧凑，热量损失大，这种布置形式已被淘汰。

（a）

气门顶置式：进、排气门置于气缸盖内，倒挂在气缸顶上。现代汽车发动机均采用气门顶置式布置结构。

（b）

图 3-2 气门布置

（a）气门侧置式；（b）气门顶置式

凸轮轴下置式：凸轮轴位于气门组下方，由一对正时齿轮将曲轴的动力传给凸轮轴。这种配气机构多用于载货汽车和大、中型客车发动机。

（a）

凸轮轴中置式：凸轮轴置于机体上部，一般采用在一对正时齿轮之间加入一个中间齿轮（惰轮）进行传动。这种结构多用于柴油机。

（b）

凸轮轴上置式：凸轮轴安装在气缸盖上，采用同步带传动或链条传动。这种结构多用于轿车的高速强化发动机。

（c）

图 3-3 凸轮轴布置

（a）凸轮轴下置式；（b）凸轮轴中置式；（c）凸轮轴上置式

3）按曲轴与凸轮轴的传动方式分类

按曲轴与凸轮轴的传动方式可分为齿轮传动、链条传动、齿形带传动三种，如图3-4所示。

齿轮传动：一般运用于凸轮轴下置、中置式的配气机构中。

链条传动：运用于凸轮轴上置式的配气机构中。缺点是结构质量及噪声大，可靠性及耐久性差。

齿形带传动：运用于凸轮轴上置式的配气机构中。结构质量及噪声小，现代高速发动机广泛采用。

图 3-4 气门传动方式

（a）齿轮传动；（b）链条传动；（c）齿形带传动

4）按气门驱动型式分类

按气门驱动型式可分为摆臂驱动和直接驱动两种，如图 3-5 所示。

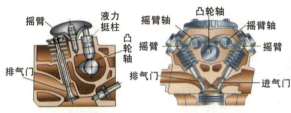

摇臂驱动、单凸轮轴上置式配气机构：凸轮轴推动液力挺柱，液力挺柱推动摇臂，摇臂再驱动气门；或凸轮轴直接驱动摇臂，摇臂驱动气门。

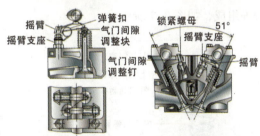

单上置式凸轮轴（SOHC）　双上置式凸轮轴（DOHC）

摆臂驱动、凸轮轴上置式配气机构：由于摆臂驱动气门的配气机构比摇臂驱动式刚度更好，更有利于高速发动机，因此在轿车发动机上的应用比较广泛。

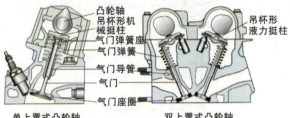

单上置式凸轮轴（SOHC）　双上置式凸轮轴（DOHC）

直接驱动、凸轮轴上置式配气机构：在这种形式的配气机构中，凸轮通过吊杯形机械挺柱驱动气门；或通过吊杯形液力挺柱驱动气门。与上述各种形式的配气机构相比，直接驱动式配气机构的刚度最大，驱动气门的能量损失最小。因此，在高度强化的轿车发动机上得到广泛的应用。

图 3-5 气门驱动形式

5）按每缸气门的数目分类

按每缸气门的数目可分为两气门、三气门、四气门、五气门、八气门等，如图3-6所示。一般发动机都采用每缸两个气门，即一个进气门和一个排气门的结构。现代很多新型汽车发动机上多采用每缸四个气门结构，即两个进气门和两个排气门。

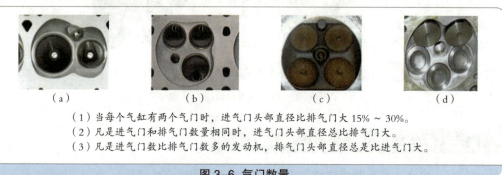

（1）当每个气缸有两个气门时，进气门头部直径比排气门大15%～30%。
（2）凡是进气门和排气门数量相同时，进气门头部直径总比排气门大。
（3）凡是进气门数比排气门数多的发动机，排气门头部直径总是比进气门大。

图3-6 气门数量

（a）两气门；（b）三气门；（c）四气门；（d）五气门

二、气门组

1. 气门组的功用与组成

功用：封闭进、排气道。
组成：由气门、气门座、气门导管、气门弹簧等组成，如图3-7所示。

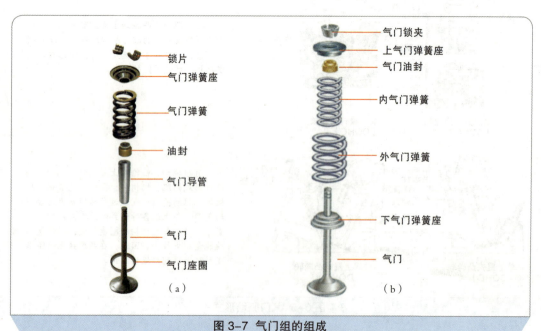

图3-7 气门组的组成

（a）单气门弹簧气门组；（b）双气门弹簧气门组

2. 气门

1）气门的工作条件

气门的工作条件非常恶劣。气门直接与高温燃气接触，受热严重，而散热困难，因此气门温度很高；气门承受气体力和气门弹簧力的作用，以及由于配气机构运动件的惯性力，气门落座时受到冲击；气门在润滑条件很差的情况下以极高的速度启闭并在气门导管内做高速往复运动；气门由于与高温燃气中有腐蚀性的气体接触而受到腐蚀。

进气门一般用中碳合金钢制造，如铬钢、铬钼钢和镍铬钢等。排气门则采用耐热合金钢制造，如硅铬钢、硅铬钼钢、硅铬锰钢等。

2）气门构造

汽车发动机的进、排气门均为菌形气门，由气门头部和气门杆两部分构成，如图3-8所示。

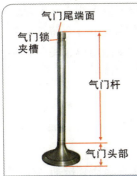

气门头部接收的热量一部分经气门座圈传给气缸盖；另一部分则通过气门杆和气门导管传给气缸盖，最终都被气缸盖水套中的冷却液带走。为了增强传热，气门与气门座圈的密封锥面必须严密贴合。为此，二者要配对研磨，研磨之后不能互换。

气门杆有较高的加工精度和较低的粗糙度，与气门导管保持较小的配合间隙，以减小磨损，并起到良好的导向和散热作用。

气门尾端的形状取决于上气门弹簧座的固定方式。采用剖分成两半且外表面为锥面的气门锁夹来固定上气门弹簧座，因结构简单，工作可靠，拆装方便，而得到了广泛的应用。气门锁夹内表面有多种形状，相应地气门尾端也有各种不同形状的气门锁夹槽。

图3-8 气门

气门与气门座或气门座圈之间靠锥面密封。气门锥面与气门顶面之间的夹角称为气门锥角，如图3-9所示。进、排气门的气门锥角一般均为45°，只有少数发动机的进气门锥角为30°。

气门顶面有平顶、凹顶和凸顶等形状，如图3-10所示。目前应用最多的是平顶气门，其结构简单，制造方便，受热面积小，进、排气门都可采用。

图3-9 气门头部

平顶：结构简单，制造方便，质量小，应用最多的是平顶气门。

凹顶：气门头部与气门杆有较大的过渡圆弧，可以减小进气阻力，但受热面积大，不适合作排气门，一般用作进气门。

凸顶：刚度大，受热面积也大，用于某些排气门。

图3-10 气门顶部形状

3）中空气门杆的气门

在某些高度强化的发动机上采用中空气门杆的气门，旨在减小气门质量和减小气门运动的惯性力。为了降低排气门的温度，增强排气门的散热能力，在许多汽车发动机上采用钠冷却气门，如图 3-11 所示。这种气门是在中空的气门杆中填入一半金属钠。因为钠的熔点为 97.8℃，沸点为 880℃，所以在气门工作时，钠变成液体，在气门杆内上下激烈地晃动，不断地从气门头部吸收热量并传给气门杆，再经气门导管传给气缸盖，使气门头部得到冷却。

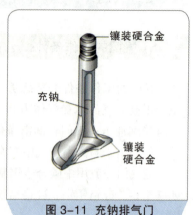

图 3-11 充钠排气门

3. 气门组组件

1）气门座与气门座圈

气缸盖上与气门锥面相贴合的部位称气门座，如图 3-12 所示。气门座的温度很高，又承受频率极高的冲击载荷，容易磨损，因此，铝气缸盖和大多数铸铁气缸盖均镶嵌由合金铸铁或粉末冶金或奥氏体钢制成的气门座圈，如图 3-13 所示。在气缸盖上镶嵌气门座圈可以延长气缸盖的使用寿命。也有一些铸铁气缸盖不镶气门座圈，直接在气缸盖上加工出气门座。

2）气门导管与气门油封

气门导管如图 3-14 所示，功用是对气门的运动进行导向，保证气门做直线往复运动，使气门与气门座或气门座圈能正确贴合。此外，还将气门杆接收的热量部分地传给气缸盖。气门导管的工作温度较高，而且润滑条件较差，靠配气机构工作时飞溅起来的机油来润滑气门杆和气门导管孔。气门导管由灰铸铁、球墨铸铁或铁基粉末冶金制造。在以一定的过盈将气门导管压入气缸盖上的气门导管座孔之后，再精铰气门导管孔，以保证气门导管与气门杆的正确配合间隙。

气门杆与气门导管孔需要润滑，但进入气门导管孔内的机油又不能太多，否则将使机油消耗量增加，为了控制和减少机油消耗量，在气门导管上面装有气门油封，如图 3-14 所示。

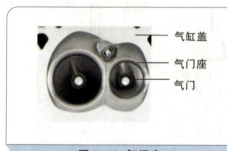

图 3-12 气门座

图 3-13 气门座圈

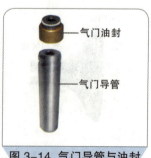

图 3-14 气门导管与油封

3）气门弹簧

气门弹簧的功用是保证气门关闭时能紧密地与气门座或气门座圈贴合，并克服在气门开启时配气机构产生的惯性力，使传动件始终受凸轮控制而不相互脱离。

气门弹簧一般为等螺距圆柱形螺旋弹簧，如图3-15所示。当气门弹簧的工作频率与其固有的振动频率相等或为整数倍时，气门弹簧就会发生共振。共振将使配气定时遭到破坏，使气门发生反跳和冲击，甚至使弹簧折断。

图3-15 气门弹簧

 为防止共振的发生，可采取下列结构措施

（1）采用双气门弹簧：在柴油机和高性能汽油机上广泛采用每个气门安装两个直径不同、旋向相反的内、外弹簧。由于两个弹簧的固有频率不同，当一个弹簧发生共振时，另一个弹簧能起到阻尼减振作用。采用双气门弹簧可以减小气门弹簧的高度，而且当一个弹簧折断时，另一个弹簧仍可维持气门工作。弹簧旋向相反，可以防止折断的弹簧圈卡入另一个弹簧圈内使其不能工作或损坏。

（2）采用变螺距气门弹簧：某些高性能汽油机采用变螺距单气门弹簧。变螺距弹簧的固有频率不是定值，从而可以避开共振。

（3）采用锥形气门弹簧：锥形气门弹簧的刚度和固有振动频率沿弹簧轴线方向是变化的，因此可以消除发生共振的可能性。

4）气门弹簧座与气门锁片

气门杆与弹簧连接有两种方式。一种是锁夹式，在气门杆端部的沟槽上装有两个半圆形锥形锁夹，弹簧座紧压锁夹，使其紧箍在气门杆端部，从而使弹簧座、锁夹与气门连接成一整体，与气门一起运动。另一种是以锁销代替锁夹销的径向孔，通过锁销进行连接。气门弹簧座与气门锁片如图3-16所示。

图3-16 气门弹簧座与气门锁片

5）气门旋转机构

气门旋转机构如图3-17所示，当气门工作时，如能产生缓慢的旋转运动，可使气门头部周向温度分布比较均匀，从而减小气门头部的热变形。同时，气门旋转时，在密封锥面上产生轻微的摩擦力，能够清除锥面上的沉积物。

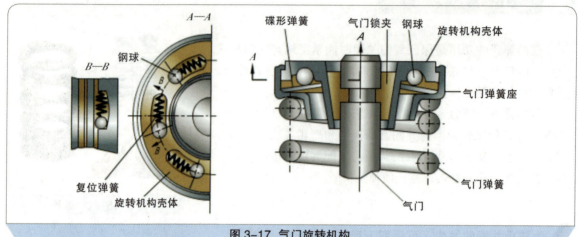

图 3-17 气门旋转机构

三、气门传动组

1. 气门传动组的功用与组成

功用：使进、排气门按配气相位规定的时刻开启和关闭。

组成：主要由正时皮带轮、皮带轮导轮、正时皮带、凸轮轴正时皮带轮、传动齿轮、辅助齿轮、齿轮弹簧、驱动齿轮、进排气凸轮轴、气门挺柱等组成，如图 3-18 所示。

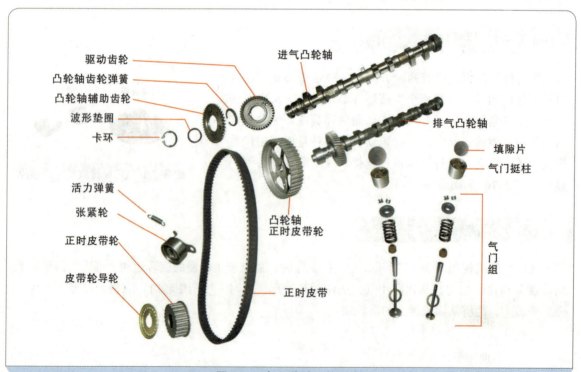

图 3-18 气门传动组的组成

2. 凸轮轴

1）凸轮轴的工作条件

凸轮轴承受周期性的冲击载荷。凸轮与挺柱之间的接触应力很大，相对滑动速度也很高，因此，凸轮工作表面的磨损比较严重。

2）凸轮轴的构造

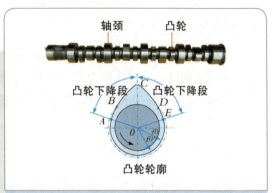

图3-19 凸轮轴

凸轮轴是通过凸轮轴轴颈支承在凸轮轴轴承孔内的，因此凸轮轴轴颈数目的多少是影响凸轮轴支承刚度的重要因素。如果凸轮轴刚度不足，工作时将发生弯曲变形，这会影响配气定时。

凸轮轴主要由凸轮、轴颈两部分组成，如图3-19所示。凸轮分为进气凸轮和排气凸轮两种，用来驱动与控制气门的开启和关闭；轴颈对凸轮轴起支承作用。

进、排气门开启和关闭的时刻、持续时间以及开闭的速度等分别由凸轮轴上的进、排气凸轮控制。转速较低的发动机，其凸轮轮廓由几段圆弧组成，这种凸轮称为圆弧凸轮。高转速发动机则采用函数凸轮，其轮廓由某种函数曲线构成。O点为凸轮轴回转中心，凸轮轮廓上的AB段和DE段为缓冲段，BCD段为工作段。挺柱在A点开始升起，在E点停止运动，凸轮转到AB段内某一点处，气门间隙消除，气门开始开启。此后随着凸轮继续转动，气门逐渐开大，至C点气门开度达到最大。再后气门逐渐关闭，在DE段内某一点处气门完全关闭，接着气门间隙恢复。气门最迟在B点开始开启，最早在D点完全关闭。由于气门开始开启和关闭落座时均在凸轮升程变化缓慢的缓冲段内，其运动速度较小，从而可以防止强烈的冲击。

3）凸轮轴轴承

中置式和下置式凸轮轴的轴承一般制成衬套压入整体式轴承座孔内，再加工轴承内孔，使其与凸轮轴轴颈相配合。上置式凸轮轴的轴承多由上、下两片轴瓦对合而成，装入剖分式轴承座孔内。

轴承材料多与主轴承相同，在低碳钢钢背上浇敷减摩合金层。也有的凸轮轴轴承采用粉末冶金衬套或青铜衬套。

4）凸轮轴传动机构

凸轮轴由曲轴驱动，其传动机构有齿轮式、链条式及齿形带式。

齿轮传动机构

齿轮传动机构如图 3-20 所示，用于下置式和中置式凸轮轴的传动。汽油机一般只用一对定时齿轮，即曲轴定时齿轮和凸轮轴定时齿轮。柴油机需要同时驱动喷油泵，所以增加一个中间齿轮。为了保证齿轮啮合平顺、噪声小、磨损小，定时齿轮都是圆柱螺旋齿轮并用不同的材料制造。曲轴定时齿轮用中碳钢制造，凸轮轴定时齿轮则采用铸铁或夹布胶木。为了保证正确的配气定时和喷油定时，在传动齿轮上刻有定时记号，装配时必须对正记号。

链传动机构

链传动机构如图 3-21 所示，用于中置式和上置式凸轮轴的传动，尤其是上置式凸轮轴的高速汽油机采用链传动机构的很多。链条一般为滚子链，工作时应保持一定的张紧度，不使其产生振动和噪声。为此在链传动机构中装有导链板并在链条的松边装置张紧器。

齿形带传动机构

齿形带传动机构如图 3-22 所示，用于上置式凸轮轴的传动。与齿轮和链传动机构相比具有噪声小、质量小、成本低、工作可靠和不需要润滑等优点。另外，齿形带伸长量小，适合有精确定时要求的传动。因此，被越来越多的汽车发动机特别是轿车发动机所采用。齿形带由氯丁橡胶制成，中间夹有玻璃纤维，齿面粘覆尼龙编织物。在使用中不能使齿形带与水或机油接触，否则容易引起跳齿。齿形带轮由钢或铁基粉末冶金制造。为了确保传动可靠，齿形带需保持一定的张紧力，为此在齿形带传动机构中也设置由张紧轮与张紧弹簧组成的张紧器。

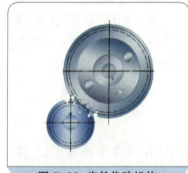
图 3-20 齿轮传动机构

图 3-21 链传动机构

图 3-22 齿形带传动机构

5）凸轮轴的轴向定位

为了限制凸轮轴在工作中产生的轴向移动或承受螺旋齿轮在传动时产生的轴向力，凸轮轴需要轴向定位。凸轮轴轴向移动量过大，对于由螺旋齿轮传动的凸轮轴，会影响配气定时。上置式凸轮轴通常利用凸轮轴承盖的两个端面和凸轮轴轴颈两侧的凸肩进行轴向定位。中、下置式凸轮轴的轴向定位通常采用止推板，止推板用螺栓固定在机体前端面上。第三种轴向定位的方法是止推螺钉定位。

3. 挺柱

1）挺柱的功用

挺柱是凸轮的从动件，其功用是将来自凸轮的运动和作用力传给推杆或气门，同时还承受凸轮所施加的侧向力，并将其传给机体或气缸盖。

2）挺柱的结构

挺柱可分为机械挺柱和液压挺柱两大类，每一类中又有平面挺柱和滚子挺柱等多种结构形式。

机械挺柱

机械挺柱的结构简单，质量小，在中、小型发动机中应用比较广泛。挺柱上的推杆球面支座的半径比推杆球头半径略大，以便在两者中间形成楔形油膜来润滑推杆球头和挺柱上的球面支座。

液压挺柱

在配气机构中预留气门间隙将使发动机工作时配气机构产生撞击和噪声。为了消除这一弊端，有些发动机尤其是轿车发动机采用液压挺柱，借以实现零气门间隙。气门及其传动件因温度升高而膨胀，或因磨损而缩短，都会由液压作用来自行调整或补偿。液压挺柱如图3-23所示。

（1）液压挺柱的构造。

液压挺柱由挺柱体、液压缸、柱塞、单向阀罩、单向阀弹簧和柱塞弹簧等组成，结构如图3-24所示。在挺柱体中装有柱塞，在柱塞上端有压力推杆支座。柱塞被柱塞弹簧向上推压，其极限位置由卡夹限定。柱塞下端的单向阀保持架内装有单向阀弹簧和单向阀。发动机润滑系统中的机油经进油孔进入内油腔。

图3-23 各种液压挺柱

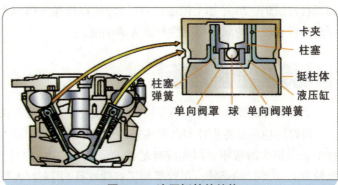

图3-24 液压挺柱的结构

（2）液压挺柱的工作原理。

挺柱顶面与凸轮轴凸轮直接接触，液压缸底面与气门杆尾端接触，如图3-25所示。

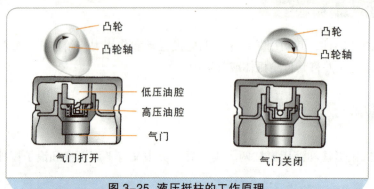

图 3-25 液压挺柱的工作原理

气门打开的过程：当凸轮凸起处与挺柱顶面接触时，挺柱受凸轮推动力和气门弹簧力的作用，挺柱下移，高压油腔内的机油被压缩，单向阀在压力差和单向阀弹簧的作用下关闭，高低油腔被球阀分隔开。由于液体的不可压缩性，整个挺柱如同一个形状不变的刚体一样，下移打开气门并保证气门应达到的升程。虽然在此期间，高压油腔会有少量机油从柱塞和液压缸之间的间隙处漏入低压油腔，使凸轮和气门杆间的挺柱长度稍有缩短，但不会影响气门的打开。此时，挺柱上的环形油槽已和缸盖上的斜油孔错开，低压油腔进油道被切断，停止了油的流动。

气门关闭的过程：凸轮继续转动，当凸轮凸起部分转过后又恢复凸轮基圆与挺柱的接触，气门落座，挺柱不再受凸轮推动力和气门弹簧的作用，高压油腔中的压力油与回位弹簧推动柱塞上行，高压油腔的压力下降，单向阀打开，低压油腔中的机油流入高压油腔，使两腔连通。

当气门受热膨胀伸长时，向上挤压油缸，高压油腔中的油通过柱塞与油缸之间的间隙向低压油腔泄漏一部分，油缸相对于柱塞上移，从而使挺柱自动缩短，保证气门关闭严密。当气门冷却收缩时，补偿弹簧将油缸向下推动，挺柱自动伸长，保证不出现气门间隙。

4. 推杆

推杆处于挺柱和摇臂之间，其功用是将挺柱传来的运动和作用力传给摇臂。在凸轮轴下置式的配气机构中，推杆是一个细长杆件（图3-26），加上传递的力很大，所以极易弯曲。因此，要求推杆有较好的纵向稳定性和较大的刚度。

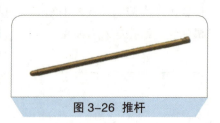

图 3-26 推杆

5. 摇臂组件

摇臂组件主要有摇臂、摇臂轴、摇臂支座、气门间隙调整螺钉和定位弹簧等，如图3-27所示。

摇臂的功用是将推杆和凸轮传来的运动和作用力，改变方向传给气门使其开启。摇臂在摆动过程中承受很大的弯矩，因此应有足够的强度和刚度以及较小的质量。摇臂是一个双臂杠杆，以摇臂轴为支点，两臂不等长。短臂端加工有螺纹孔，用来拧入气门间隙调整螺钉。长臂端加工成圆弧面，是推动气门的工作面。摇臂如图3-28所示。

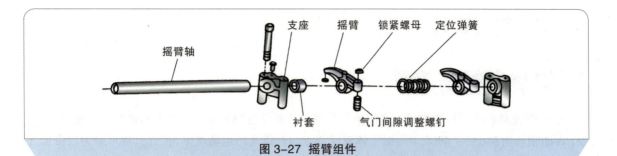

图 3-27 摇臂组件

图 3-28 摇臂

6. 摆臂与气门间隙自动补偿器

摆臂的功用与摇臂相同。两者的区别只在于摆臂是单臂杠杆，其支点在摆臂的一端。

在许多轿车发动机上用气门间隙自动补偿器代替摆臂支座实现零气门间隙。气门间隙自动补偿器无论是结构还是工作原理都与液压挺柱相同，之所以不称其为液压挺柱，是因为它不是凸轮的从动件，仅仅是摆臂的一个支承而已。因此，它既是摆臂的支座，又是补偿气门间隙变化的装置。摆臂与气门间隙自动补偿器如图 3-29 所示。

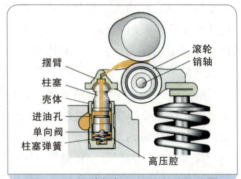

图 3-29 摆臂与气门间隙自动补偿器

气门间隙：发动机在冷态下，当气门处于关闭状态时，气门与传动件之间的间隙称为气门间隙。气门间隙的大小可用塞尺测量。气门间隙的大小因机型而异，通常进气门间隙为 0.25～0.30 mm；排气门间隙为 0.30～0.35 mm。因磨损等原因，在发动机使用过程中，气门间隙的大小会发生变化，因此设有气门间隙调整螺钉或调整垫块等气门间隙调整装置，气门间隙的调整如图 3-30 所示。如果气门间隙过小，发动机在热态下可能因气门关闭不严而发生漏气，导致功率下降，甚至气

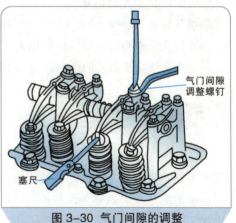

图 3-30 气门间隙的调整

门烧坏。如果气门间隙过大，则使传动零件之间以及气门和气门座之间产生撞击响声，并加速磨损。同时，也会使气门开启的持续时间减少，气缸的充气以及排气情况变坏。

四、气门正时

1. 换气过程

　　四行程发动机配气机构均采用气门换气方案,其换气过程是排气门开启到进气门关闭的整个时期,占曲轴转角380°～490°。根据气体流动特点和进排气门运动规律,换气过程可分为自由排气、强制排气、惯性排气、准备进气、正常进气和惯性进气六个阶段。

1)自由排气阶段

　　从排气门在下止点前开启到活塞行至下止点这个时期称自由排气阶段。该阶段曲轴转过的角度称为排气提前角,一般为40°～80°轴转角。

　　由于配气机构惯性力的限制,气门开启与关闭不能太快,需要一定时间,如果活塞到下止点时排气门才开始开启,在开启初期开度极小,废气不能通畅流出,气缸内压力下降缓慢,不能实现充分排气,而且在活塞向上止点回行时会形成较大的反压力,增加排气行程所消耗的功。为此,排气门必须在下止点前开启,这时气缸废气压力较高,可利用废气自身的压力自行排出。此阶段气缸内压力大于排气管压力两倍以上,排气的流动处于超临界状态,此时通过排气门口的废气流速,等于该状态下的音速,废气流量只与气缸内的气体状态及气门最小开启截面积有关,而与排气管内压力无关。并且因排气流甚高,在排气过程中伴有刺耳的噪声,所以排气系统必须装有消声器。

　　随着废气大量排出及活塞向下止点移动,气缸内压力迅速下降,当缸内压力与排气管内压力之比下降到2以下时,排气流动转入亚临界状态,废气流速降低,产生的噪声较小。此时排出的废气量由缸内及排气管内的压力差来决定。压力差越大,排出废气越多。当到某一时刻缸内与排气管内压力相等,自由排气阶段结束(一般下止点后10°～30°曲轴转角)。此阶段虽然历程很短,但因排气流速甚高,排出废气量达60%以上。

　　由此可见,在自由排气阶段中,排出的废气量与发动机转速无关。发动机转速高时,在同样的排气时间(以秒计)所相当的曲轴转角增大,因此,在高速发动机中,排气提前角要大一些。但不宜过大,否则会使排气损失加大。

　　由于排气系统阻力的影响,当活塞到下止点时,气缸内压仍高于大气压力。

2)强制排气阶段

　　自由排气以后,由于排气门节流的影响,气缸内平均压力与排气管内平均压力之差较小,因此不能再自行流出,而是靠活塞从下止点向上止点移动时的推力强制排出废气,由上行活塞强制推出的这个时期称为强制排气阶段。此阶段虽然持续时间较长,但因缸内废气压力逐渐接近大气压力,故该阶段排除废气只占总气量的一小部分。

3）惯性排气阶段

从活塞由上止点下行至排气门关闭这个时期称为惯性排气阶段，该阶段的曲轴角称为排气迟闭角，一般为10°～30°。

强制排气以后，气缸内压力仍稍高于大气压力，如果此时排气门继续保持开启状态，则利用气缸内外的压力差和废气流动惯性可继续排气，所以排气门都在上止点后才关闭，用以延长排气时间以便进一步排除废气。

4）准备进气阶段

为了增加进气量，进气门必须在上止点前，排气尚未结束时就开始开启，以保证活塞下行进气开始时，就有较大的进气通道截面，为进气做好准备，从进气门开始开启到活塞行至上止点这个时期称为准备进气阶段。该阶段曲轴转过的角度称为进气提前角，一般为10°～30°曲轴转角。由于进气提前角较小，进气门通道截面也小，再加上气缸内残余废气压力高于大气压力，因此在此阶段中新鲜气体一般不能进入气缸。

5）正常进气阶段

准备进气阶段之后，活塞由上止点开始下行，初期由于气缸内残余废气压力仍高于大气压力，新鲜气体不能冲入气缸，只有当残余废气膨胀，压力下降后，新鲜气体才能冲入气缸。由于进气门早开，此时进气门通道截面已开启较大，因此保证了大量新气进入气缸内，但因进气系统有阻力，所以在活塞移到下止点时，气缸内压力仍低于大气压力。

6）惯性进气阶段

从活塞由下止点向上行至进气门关闭这个时期称为惯性进气阶段。该阶段中曲轴转过的角度称为进气迟闭角，一般为40°～80°曲轴转角。

在进气过程活塞到下止点的瞬间，进气门口仍有一定的流速，进气门迟闭就可以利用新鲜气体流动惯性和气缸内外压力差，继续进气，所以进气门都在下止点之后才关闭，使冲气量增加。

由于排气门迟闭和进气门早开，因此在上止点附近将出现进、排气门同时开启的状态，称为气门重叠或气门叠开，气门叠开时曲轴转过的角度称为气门叠开角或重叠角，一般为20°～80°曲轴转角。由于气门重叠角小，进气门升起高度不大，且废气又具有一定惯性，因此废气不会倒流入气管中，为此在气门叠开期间因进气管、气缸、排气管连通在一起，可以利用气流的压差和惯性清除残余废气，增加进气量。

在换气过程中，由于活塞移动速度不均匀，气门通道截面也时时变化，使气流速度的变化很复杂。同时气缸内压力变化是波动的，进而引起进、排气管内压力变化也是波动的。因此，利用进气管的动态效应可以提高进气量。

2. 配气定时

配气定时（配气相位）：就是用曲轴转角表示的进、排气门的实际开闭时刻和开启的持续时间。用曲轴转角的环形图来表示配气相位，这种图形称为配气相位图，如图 3-31 所示。

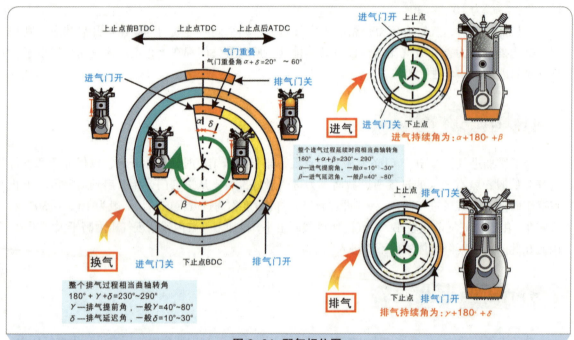

图 3-31 配气相位图

1）进气提前角

进气门在活塞到达上止点之前开启，称为进气门早开。从进气门开到上止点曲轴所转过的角度称作进气提前角，记作 α，α 一般为 10°～30°。进气门早开使得进气开始时进气门已经有一定的开度，有利于提高充气量。

2）进气延迟角

进气门在活塞到达下止点之后关闭，称为进气门晚关。从下止点到进气门关闭所对应的曲轴转角称作进气迟后角，记作 β，β 一般为 40°～80°。进气迟闭是为了更好地利用气流流动惯性提高进气量。

3）排气提前角

排气门在做功行程结束之前，即在活塞到达下止点之前开启，称为排气门早开。从排气门开启到下止点所对应的曲轴转角称作排气提前角。记作 γ，一般 γ 为 40°～80°。排气门适当地早开，气缸内还有相当大的压力，做功作用已经不大，可利用此压力使气缸内的废气迅速地排出去。

4）排气延迟角

排气门在排气行程结束之后，即在活塞离开上止点之后关闭，称为排气门晚关。从上止点到排气门关闭所对应的曲轴转角称作排气延迟角，记作 δ，δ 一般为 10°～30°。排气门适当迟关可以利用气体流动惯性将废气排得更加彻底。

5）气门重叠角

从配气相位图上可以看出，进气门早开和排气门晚关，致使活塞在上止点附近出现进、排气门同时开启的现象，称其为气门重叠。重叠期间的曲轴转角称为气门重叠角，它等于进气提前角与排气延迟角之和，即 $\alpha + \delta$。

3. 可变气门正时与升程

我们知道，发动机的气门行程是受凸轮轴转角长度控制的，在普通的发动机上，凸轮轴的转角长度固定，气门行程也是固定不变的。这种气门行程固定不变的发动机，它采用的气门行程设计也是根据发动机的需求设定，赛车发动机采用长行程设计，以获得高转速是强大的功率输出，但在低转速的时候会工作不稳定；普通民用车则采用兼顾高低转速的气门行程设计，但会在高低转速区域损失动力。而采用可变行程技术的发动机，气门行程能随发动机转速的改变而改变。在高转速时，采用长行程来提高进气效率，让发动机的呼吸更顺畅；在低转速时，采用短行程，能产生更大的进气负压及更多的涡流，让空气和燃油充分混合，因而提高低转速时的扭力输出。

所以在这样的情况下，就需要一种对气门正时与升程进行调节的装置，也就是我们要说的可变气门正时与升程。该技术既能保证低速高扭矩，又能获得高速高功率，对汽车发动机而言是一个极大的突破。

1）本田发动机的 VTEC 技术

组成

VTEC（可变气门正时及升程电子控制）机构的组成如图 3-32 所示，在该机构中，进排气凸轮轴上均有高速凸轮和低速凸轮，两个低速凸轮分别驱动第一摇臂和第二摇臂，高速凸轮则驱动中间摇臂，在摇臂上装有可移动的液压活塞和一个限位活塞。

VTEC 机构能根据发动机

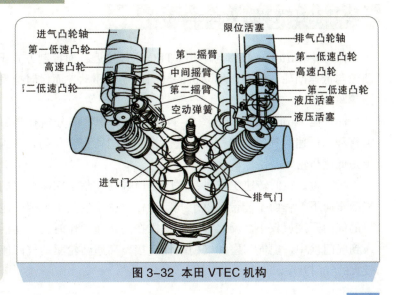

图 3-32 本田 VTEC 机构

转速的高低，自动转换不同的凸轮来驱动气门的开启与关闭。由于高、低速的轮廓大小不同，在改变配气正时的同时，也就改变了气门升程。

▶ **工作原理**

当发动机在中、低速工作时，没有油压作用于液压活塞上，第一、二摇臂与中间摇臂分离，分别由第一、二低速凸轮驱动第一、二摇臂，再由第一、二摇臂驱动两个气门启闭。这时中间摇臂则随高速凸轮的转动而摆动，但与气门的启闭无关，如图 3-33（a）所示。

当发动机在高速工作时，在油压的作用下，液压活塞 A、B 向图 3-33（b）所示的箭头方向移动，使第一、二摇臂与中间摇臂连接在一起，三个摇臂一起在高速凸轮的作用下驱动气门启闭，由于中间凸轮最大，因此两侧气门皆由中间凸轮所连接的中间摇臂所带动，这时低速凸轮不起作用，所以得到快正时、高升程。

当发动机又回到中、低速工作状态时，VTEC 控制阀切断油压，此时固定活塞受到回覆弹簧的力量，向左推进，进而使得活塞 A、B 回到原来的位置，这时两侧的摇臂又开始独立操作。

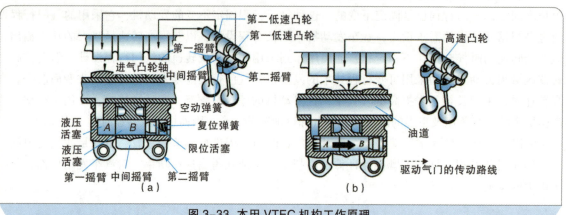

图 3-33 本田 VTEC 机构工作原理

2）保时捷发动机 Variocam 技术

保时捷 Variocam 技术与本田 VTEC 原理接近，而控制方式不同。凸轮轴上依然布置有高速凸轮与低速凸轮，但本田发动机的气门由摇臂驱动，而保时捷发动机的气门直接由凸轮轴上的凸轮驱动。

保时捷 Variocam 机构如图 3-34 所示，每个气门分别有两种行程，高速时气门能够达到最大行程，低速时气门的行程较小些。控制气门行程变化的是两组凸轮，一组是高速凸轮，另一组是低速凸轮。

当发动机在低转速工作时，气门座顶端的控制活塞落在气门座内，这样高速凸轮只能驱动气门座向下行程而不能带动整个气门动作，整个气门由低速凸轮驱动气门顶向下行程，这样获得的气门开度就较小。反之，当发动机在高转速工作时，控制活塞在液压的驱动下从气门座推入到气门顶中，把气门座和气门刚性连接，高速凸轮驱动气门座时就能带动气门向下行程获得较大的气门开度。

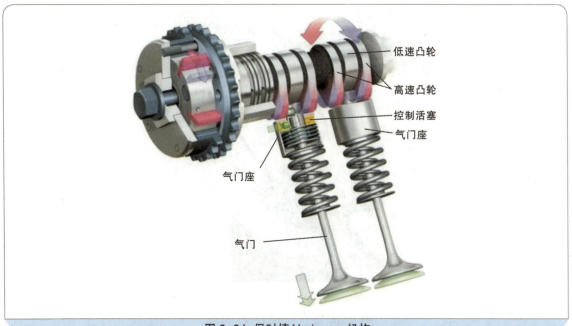

图 3-34 保时捷 Variocam 机构

3）宝马发动机 Valvetronic 技术

与保时捷 Variocam、本田 VTEC 相同的技术还有很多，如丰田 VVT-i、通用 ECOtec 系列发动机的 VVT 等。这些技术能够改变气门升程，但是局限性在于，这些技术都只有"两段式"可调，在气门行程进行变化的一刻会感觉到有顿挫感。由此，宝马开发了一套可以连续可变的气门正时技术。

宝马 Valvetronic（连续可变气门升程）技术采用的是电机驱动的方式，电机的周期运动通过蜗杆传动齿轮，转变为摇臂的控制角度变化，然后在凸轮轴的驱动下由摇臂带动气门运动。通过改变摇臂的角度即可改变气门的行程。由于采用了电机控制，在ECU指令下电机能够"无极"变化角度，使得气门升程的改变并不影响发动机工作，没有顿挫感，也更能有针对性地对每个转速范围进行细致的配气分析。

宝马 Valvetronic 技术的核心是中间杠杆技术，凸轮轴通过驱动相位可调节的中间杠杆实现气门升程的无级调节。宝马 Valvetronic 机构由五个重要部分组成：偏心轴驱动电机、偏心轴驱动齿轮、偏心轴、凸轮轴、中间杠杆，如图 3-35 所示。从图中可以看到，宝马 Valvetronic 技术可以通过调节中间杠杆的位置实现气门升程的无级调节。在负荷较低的发动机工况下，Valvetronic 技术控制气门开度较小，吸入的空气量较少，燃油使用量较少；当发动机负载增加，Valvetronic 技术控制气门开度较大，吸入的空气量较大，燃油吸入量多，做功较多，输出动力更大。有了 Valvetronic 技术，节气门的负载控制功能则被取代了，在正常工作时，发动机进气量由 Valvetronic 机构控制，节气门全开。节气门只在发动机出问题进入紧急模式后才控制发动机进气量。这样一来，由于节气门全开，空气进入气缸畅通无阻，不会在进气门背面产生负压，也极大减少了发动机进气损失，最终达到提高燃油经济性和提升发动机效能的目的。

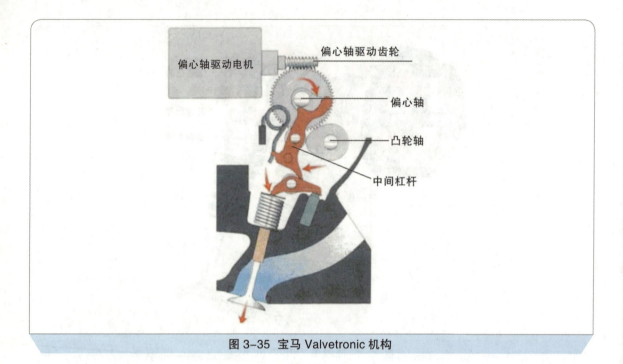

图 3-35 宝马 Valvetronic 机构

任务二 配气机构的拆装

一、配气机构的拆装

1. 气门的拆装

气门组拆装

1）拆卸

（1）将气缸盖置于工具台上，如图 3-36 所示。
（2）使用专用工具压缩气门弹簧，如图 3-37 所示。

图 3-36 将气缸盖置于工具台上

图 3-37 使用专用工具压缩气门弹簧

（3）利用磁棒，取下两个气门锁片，如图 3-38 所示。

（4）松开专用工具，取下气门、气门座和气门弹簧，如图 3-39 所示。

（5）拆卸完毕，如图 3-40 所示。

图 3-38 取下气门锁片

图 3-39 松开专用工具，取下气门、气门座和气门弹簧

拆卸气门传动组

2）安装

按拆卸过程的相反步骤安装。

2. 气门传动组的拆装

1）拆卸（以奇骏 2.0 直喷发动机为例）

图 3-40 拆卸完毕

（1）拆开顶部黑色进气管道，取下进气管，如图 3-41 所示。

课题三 配气机构的构造与拆装

图 3-41 拆开进气管道，取下进气管

（2）拔下各传感器、执行器插头，撬开各管线固定卡位，取下线束，如图 3-42 所示。

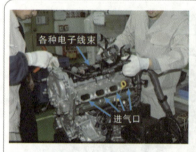

图 3-42 拔下各传感器、执行器插头，撬开管线卡位，取下线束

（3）拆下高压燃油泵、供油管道和喷油嘴，如图 3-43 所示。

拆卸供油系统一般是先拆供油管，后拆油泵，供油管连着喷油嘴，对接下来的拆解有影响，而高压油泵相对独立，对其他零件影响不大。

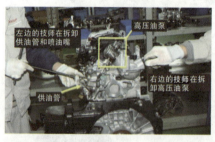
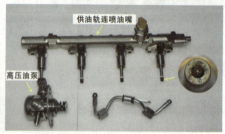

图 3-43 拆下高压燃油泵、供油管道和喷油嘴

（4）拧下点火线圈固定螺栓，取下点火线圈，如图 3-44 所示。

（5）松开气门室盖螺母，取下气门室盖，如图 3-45 所示。

图 3-44 取下点火线圈

图 3-45 松开气门室盖螺母,取下气门室盖

(6)用工具松开时规盖固定螺栓,取下时规盖,如图 3-46 所示。

图 3-46 松开固定螺栓,取下时规盖

(7)取下正时链条,如图 3-47 所示。
(8)拆开凸轮轴盖固定螺栓,取下凸轮轴盖,如图 3-48 所示。

图 3-47 取下正时链条　　　　图 3-48 取下凸轮轴盖

85

（9）取下凸轮轴，如图3-49所示。

（10）在每个气门挺柱上做好记号，取下气门挺柱，如图3-50所示。

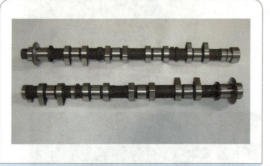

图3-49 取下凸轮轴

图3-50 取下气门挺柱

（11）拆卸完毕，如图3-51所示。

2）安装

按拆卸过程的相反步骤安装。

3）传动皮带的拆装

（1）将车辆停至水平地面，拉紧驻车制动，打开发动机舱盖，如图3-52所示。

图3-51 拆卸完毕

图3-52 打开发动机舱盖

（2）安装防护垫，如图3-53所示。

（3）断开进气温度传感器插头，取下空气滤清器壳体，如图3-54所示。

检查与更换传动皮带

图 3-53 安装防护垫

图 3-54 取下空气滤清器壳体

（4）取出空气滤清器，取下空气滤清器下壳体，如图 3-55 所示。
（5）用举升机支撑住发动机底部，如图 3-56 所示。

图 3-55 取下空气滤清器下壳体

图 3-56 用举升机支撑住发动机底部

（6）拆卸发动机脚垫及发动机支架，并取下，如图 3-57 所示。

图 3-57 拆卸发动机脚垫及发动机支架，并取下

（7）通过工具逆时针转动释放传动皮带张紧器上的张力，如图 3-58 所示。
（8）取下传动皮带，如图 3-59 所示。

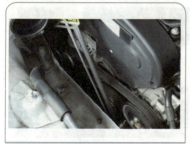

图 3-58 释放皮带张紧器的张力

图 3-59 取下传动皮带

4）安装

按拆卸过程的相反步骤安装。

注意：安装前应仔细检查传动皮带是否完好，是否存在磨损情况。检查张紧轮工作是否畅顺。如不合规定则更换，如图 3-60 所示。

图 3-60 更换传动皮带

二、气门间隙的调整

调整气门间隙的方法有逐缸调整法和两次调整法两种方法。

检查与调整气门间隙

1. 逐缸调整法

活塞位于压缩上止点时，调整一缸的进、排气门间隙。然后摇转曲轴，按点火顺序使下一缸的活塞位于压缩上止点时，再调整这一缸的进、排气门间隙，依次类推，逐缸调整完毕。

2. 两次调整法

两次调整法又称"双排不进"法。"双排不进"由多缸发动机工作循环表和配气相位的气门重叠现象而推导出，它是确定两次调整法可调整气门的依据。其中"双"是指该缸进、排气门间隙均可调整，"排"是指该缸仅排气门间隙可调整，"不"是指该缸的进、排气门间隙都不可调整，"进"是指该缸仅进气门间隙可调整。用两次调整法调整多缸发动机的气门间隙，具有简便、迅速和准确等特点。两次调整法调整气门间隙的方法是：第一次，将一缸活塞位于压缩上止点，按双、排、不、进和发动机工作次序确定可调整的气门间隙，并调整可调整的气门间隙。第二次，摇转曲轴一圈，可调整第一次没有调整过的气门间隙。

几种工作顺序不同的发动机可调气门的调整法见表 3-1 所示。

表 3-1 用两次调整法确定可调的气门

（1）六缸发动机						
工作顺序	1	5	3	6	2	4
	1	4	2	6	3	5
第一遍（一缸在压缩上止点）	双		排	不		排
第二遍（六缸在压缩上止点）	不		进	双		进
（2）五缸发动机						
工作顺序	1		2	4	5	3
第一遍（一缸在压缩上止点）	双		排	不		进
第二遍（一缸在排气上止点）	不		进	双		排
（3）四缸发动机						
工作顺序		1	3	4	2	
		1	2	4	3	
第一遍（一缸在压缩上止点）		双	排	不	进	
第二遍（四缸在压缩上止点）		不	进	双	排	
（4）八缸发动机						
工作顺序	1	5	4	8	6	3	7	2
第一遍（一缸在压缩上止点）	双		排		不		进	
第二遍（六缸在压缩上止点）	不		进		双		排	
（5）三缸发动机						
工作顺序		1		2		3
第一遍（一缸在压缩上止点）		双		排		进
第二遍（一缸在排气上止点）		不		进		排

调整气门间隙的操作：如图 3-61 所示，先旋松锁紧螺母，用厚度符合规定间隙的塞尺插入气门杆端面与摇臂之间，同时旋转调整螺钉，直至拉动塞尺感到稍有阻力后用锁紧螺母锁紧调整螺钉。调整完毕后，应再用塞尺复查一次。

图 3-61 气门间隙的调整

三、气门组检修

检查气门

1. 气门的检修

（1）清洗气门，用刮刀清除附着气门端部的积炭，用钢丝刷彻底清除气门上残留的燃料燃烧产物，如图 3-62 所示。

（2）用千分尺测量气门杆直径，如图 3-63 所示。

图 3-62 清除气门上燃料燃烧残留物

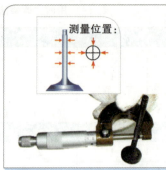

图 3-63 测量气门杆的直径

当载货汽车的气门杆的磨损量大于 0.10 mm，轿车的气门杆的磨损大于 0.05 mm，或出现明显的台阶形磨损时，应予以更换。

（3）测量气门头圆柱面的厚度：测量位置如图 3-64 所示。

当气门头圆柱面的厚度小于 0.8 mm 时应更换。因为气门头圆柱部分厚度过小会增大燃烧室容积，影响发动机工作的平稳性，同时使气门头的强度降低。此外，在气门落入座圈的瞬间，尤其是重型柴油机的气门，在高冲击波的作用下可能会出现振弹，容易引起密封带的烧蚀。

图 3-64 测量气门头圆柱面的厚度

（4）测量气门尾端的磨损，如果气门尾端的磨损大于 0.5 mm 应更换。

（5）测量气门全长，如图 3-65 所示，若全长小于最小值，则应更换气门。

（6）检测气门杆的弯曲度，如图 3-66 所示。

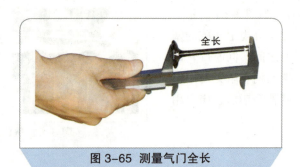

图 3-65 测量气门全长

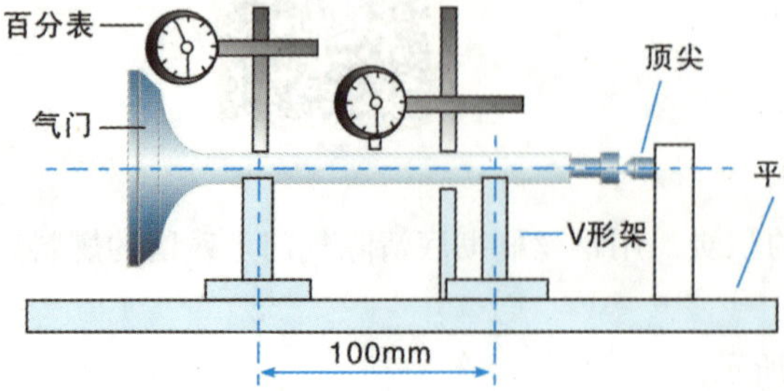

将气门杆部支撑在两只 V 形支架上，用百分表检查气门杆中部，检查时将百分表触头与气门杆接触，将气门杆转动一周，百分表摆差的一半，即为气门杆的直线度误差。

当气门杆的直线度误差大于 0.05 mm 时，应予更换或校直，校直后的直线度误差不得大于 0.02 mm。

图 3-66 气门杆弯曲度的检查

（7）气门工作锥面磨损或烧蚀，需要在气门光磨机上进行修磨，修磨需在杆部校正后进行，先将气门杆固定在夹头上，按照气门锥面角度，移动夹架座，使座上刻线对准床面标尺的相应刻线板角度，气门的锥角应比气门座锥角小 30′ ~ 1°。开动夹架电动机，使气门旋转，查看气门头部是否摇摆，摇摆过大，则需要重新校正气门杆部；若正常，打开冷却液开关，开动砂轮电机缓慢平稳地进刀，直至将气门工作锥面上的损伤全部磨去为止，并使表面粗糙度合乎要求。光磨后，检查气门头圆柱部分的高度，应不小于 0.8 mm。

2. 气门导管的检修

（1）清洗气门导管，用气门导管刷和溶剂清洗所有气门导管，如图 3-67 所示。

（2）用内径千分表测量导管的内径，如图 3-68 所示。

（3）检查气门导管与气门杆的配合间隙。气门导管与气门杆的配合间隙大于使用限度应更换气门导管。

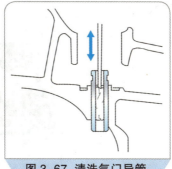

图 3-67 清洗气门导管

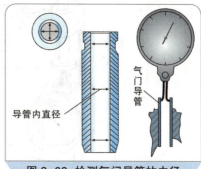

图 3-68 检测气门导管的内径

气门导管与气门杆配合间隙的检查方法

● 测量气门在导管孔内的径向摆动量，测量时把气门头提起至气缸盖平面 15 ~ 20 mm 的高度（图 3-21），再左右摆动气门头，气门头左右摆动的距离达 1 mm 时，应更换气门导管。

● 将气门杆和导管擦净，在气门杆上涂上一层薄机油，将气门放置在导管上，上下拉动数次后，气门在自重下能慢慢下落，表示气门杆与导管的配合间隙适当。

3. 气门弹簧的检修

（1）用游标卡尺测量气门弹簧的自由长度，如图 3-69 所示。若自由度不符合规定，则应更换气门弹簧。

检查气门弹簧

（2）用钢直角尺测量气门弹簧的垂直度，如图 3-70 所示。若偏差值大于最大值，则应更换气门弹簧。

（3）弹簧弹力的检测如图 3-71 所示。将弹簧压至规定长度，台秤上所示弹力大小即为所测弹簧弹力，弹力减弱不得超过原规定值的 8%。

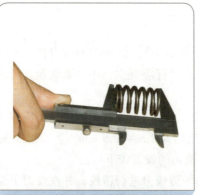

图 3-69 检测气门弹簧的自由长度

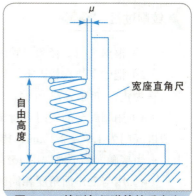

图 3-70 检测气门弹簧的垂直度

4. 气门座的检修

1）气门座下陷量的测量

气门座下陷量用游标卡尺进行测量，如图 3-72 所示，气门座端面沉入燃烧室平面深度不得大于 2 mm。

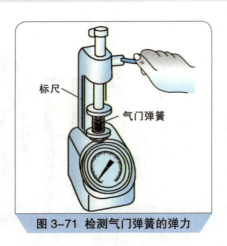

图 3-71 检测气门弹簧的弹力

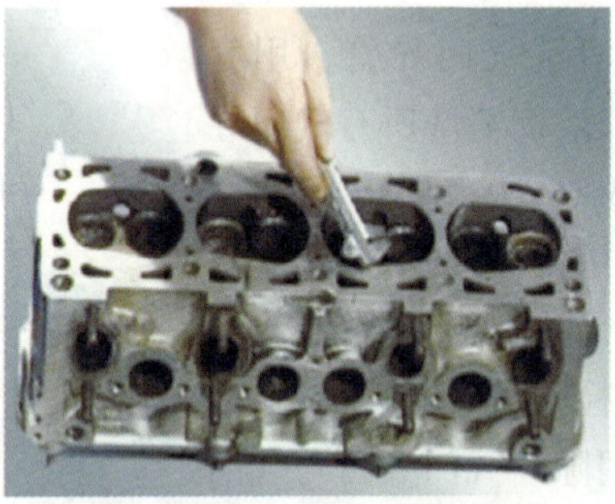

图 3-72 气门座下陷量的测量

2）气门座的镶换

（1）镶装座圈时，如缸体上没有座圈孔，应用铣刀或平面铰刀铰出座圈孔，如原有气门座圈，应用专用拉器拉出旧座圈。然后测量座圈孔直径，按直径的大小选择新座圈，新座圈与座孔应有 0.07～0.12 mm 的过盈量。

（2）用喷灯或烘箱将缸盖的座圈孔加热至 100℃ 左右，将气门座圈在固体二氧化碳（干冰）或在液态氮下冷冻 10 min 后，迅速压入座圈孔中。

3）气门座的铰削

铰削气门座前，必须先修理或更换气门导管。

铰削过程

（1）根据气门直径和导管内径选择合适的铰刀和铰刀杆。

（2）把砂布垫在铰刀下，铰刀导杆应直立，用力要均衡，转动要平稳，直到烧蚀、斑点全部去除为止，如图 3-73 所示。

（3）用相配合的气门进行试配，气门与气门座的接触面应位于气门座的中下部，接触宽度一般进气门为 1.0～2.2 mm，排气门为 1.5～2.5 mm。当接触面偏上时，用 75° 锥角的铰刀铰上口；当接触面偏下时，用 15° 锥角的铰刀铰下口。

（4）用与工作面角度相同的细刃铰刀进行精铰，并在铰刀下面垫以细砂布进行光磨，以使气门座口表面粗糙度达到要求。

图 3-73 气门座的铰削

4）气门座的磨削

气门座的工作表面可以用高速砂轮机进行磨削，主要是以砂轮代替铰刀，以小型电动机为动力。磨削时，时间不要太长，要边磨边检查，如图 3-74 所示。

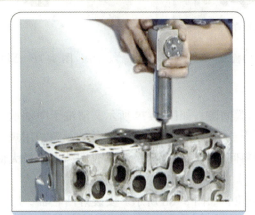

图 3-74 气门座的磨削

四、气门传动组的检修

1. 凸轮轴的检修

（1）检测凸轮轴轴颈，如图 3-75 所示，用千分尺测量轴颈的圆度及圆柱度误差，如凸轮轴轴颈的圆度误差大于 0.015 mm，各轴颈的同轴度误差超过 0.05 mm 时，应按修理尺寸法进行校正并修磨。修磨后轴颈的圆柱度误差小于 0.005 mm，最大径向圆跳动误差不大于 0.03 mm。

（2）检测凸轮轴轴颈的径向跳动，如图 3-76 所示，将凸轮轴放在平台的 V 形架上，以两端轴颈为支点。将百分表测头抵在中间的轴颈上，并缓慢转动凸轮轴一圈，如百分表摆动超过 0.10 mm，则应进行校正，校正后的弯曲度应不大于 0.03 mm。

（3）检测凸轮轴凸轮，如图 3-77 所示，用千分尺测量凸轮的全高 H 与凸轮基圆直径 D 的差值来确定凸轮的磨损度。凸轮磨损后，其升程减小 0.4 mm 以上时，应更换新凸轮轴。

（4）检查凸轮轴轴承，如图 3-78 所示，检查凸轮轴轴承有无剥落与烧蚀，若凸轮轴轴承损坏，

图 3-75 凸轮轴轴颈的检测

图 3-76 凸轮轴轴颈径向跳动量的检测

图 3-77 凸轮轴凸轮的检测

图 3-78 凸轮轴轴承的检查

则应整套更换轴承。

（5）检测凸轮轴轴颈油膜间隙，如图 3-79 所示。清洗干净轴承与凸轮轴；将凸轮轴放在气缸盖上；在每个凸轮轴轴颈上放一条塑料间隙规；安装轴承盖，用规定扭矩扭紧，注意不要转动凸轮轴；拆下轴承盖；用塑料间隙规测量间隙；若油膜间隙大于最大值，则应更换凸轮轴，必要时可更换整套凸轮轴轴承和气缸盖。

（6）检测凸轮轴轴向间隙，如图 3-80 所示。安装好凸轮轴，用千分表在前后移动凸轮轴的同时测量轴向间隙。若最大轴向间隙大于最大值，则应更换凸轮轴，必要时可更换整套轴承和气缸盖。

图 3-79 凸轮轴轴颈油膜间隙的检测

图 3-80 凸轮轴轴向间隙的检测

2. 挺柱的检修

1）机械挺柱的检修

（1）挺柱的圆柱面部分与导孔的配合间隙一般为 0.03～0.10 mm，如超过 0.12 mm 则应更换挺柱或导孔支架；装有衬套的结构可更换衬套。
（2）挺柱底部出现损伤时应更换，如图 3-81 所示。

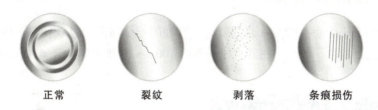

图 3-81 挺柱底面的检查

2）液压挺柱的检修

（1）液压挺柱与承孔的配合间隙一般为 0.01～0.04 mm，超过 0.10 mm 时应更换液压挺柱。液压挺柱的圆柱面的测量如图 3-82 所示。
（2）发动机维护时，如出现气门开度不足时，可用专用工具排净液压挺柱内渗入的空气，恢复气门的最大升程。
（3）发动机修理时，如气门出现开启高度不足时，一般应更换挺柱。有条件时，应在液压实验台上检验液压挺柱的密封性：将规定的压力施加于液压挺柱上，检验液压挺柱的柱塞向下滑移规定的距离所需的时间，此时间过短表明挺柱内部泄漏，应更换。

检查液压挺柱

图 3-82 液压挺柱的圆柱面的测量

3. 推杆的检修

（1）检查气门推杆，杆身表面应光滑、平直，不得有锈蚀和裂纹。
（2）在使用过程中，推杆易发生弯曲，直线误差应不大于 0.30 mm，如超过规定值，应进行冷压校直。
（3）推杆上端凹球面和下端凸球面半径磨损量应控制在 +0.03～-0.01 mm 范围。

4. 摇臂与摇臂轴的检修

1）摇臂的检修

摇臂头磨损超过 0.5 mm，应堆焊然后修磨。摇臂上调整螺钉的螺纹孔损坏时，一般应更换，如图 3-83 所示。

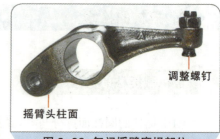

图 3-83 气门摇臂磨损部位

2）摇臂轴的检修

摇臂轴轴颈的磨损大于 0.02 mm 或摇臂与摇臂轴的配合间隙超过 0.10 mm 应刷镀修复或更换。摇臂轴弯曲变形应冷压校直，使其直线误差在 100 mm 长度上不大于 0.03 mm。

5. 凸轮轴驱动齿轮齿隙的检测

安装好凸轮轴，但不装进气凸轮轴辅助齿轮；用千分表测量凸轮轴驱动齿轮齿隙，如图 3-84 所示。若齿隙大于最大值，则应更换凸轮轴驱动齿轮，或更换整套凸轮轴驱动齿轮和凸轮轴。

图 3-84 凸轮轴驱动齿轮齿隙的检测

6. 正时齿轮和正时带的检修

正时齿轮啮合间隙逾限或轮齿磨出台阶、出现裂纹或断齿时，应更换齿轮。

正时带出现裂纹、老化、破损或折断时，应更换。正时皮带的张紧力应符合要求，检查方法：用手指捏住齿形带的中间位置，用力翻转时，齿形带应刚好转过 90°。否则，应松开张紧轮紧固螺母，利用专用工具转动张紧轮进行调整。

课题小结

（1）配气机构的功用是按照发动机的工作顺序和工作循环的要求，定时开启和关闭各缸的进、排气门，使新气进入气缸，废气从气缸排出。配气机构由气门组和气门传动组两部分组成。

（2）气门组的作用是封闭进、排气道；气门传动组的作用是使进、排气门按配气相位规定的时刻开启和关闭。

思考与练习

一、填空题

1. 配气机构的作用是按照发动机的 _____ 和 _____ 的要求，_____ 和 _____ 各缸进、排气门，使新鲜 _____（汽油机）或 _____（柴油机）及时进入气缸，并将 _____ 从气缸排出。

2. 配气机构按气门的布置位置不同可分为 _____、_____ 和 _____ 三种类型；按凸轮轴的布置位置不同可分为 _____、_____ 和 _____ 三种类型；按每缸气门数目不同可分为 _____ 和 _____ 发动机；配气机构由 _____ 和 _____ 组成。

3. 气门组包括 _____、_____、_____、_____、_____ 等；气门传动组一般由 _____、_____、_____、_____、_____ 和 _____、_____ 等组成。

4. 气门间隙一般可采用 _____ 和 _____ 两种方法进行调整。

二、判断题

1. 液压挺柱也需要预留适当的气门间隙。（   ）
2. 液力挺柱的长度能自动变化，随时补偿气门的热膨胀量，故发动机不需要预留气门间隙。（   ）
3. 发动机的配气相位是由制造厂家根据发动机的结构和性能要求的不同，通过反复实验来确定的，因此均为定值，是不可以改变的。（   ）
4. 气门间隙是指气门与气门座之间的间隙。（   ）
5. 进气门头部直径通常比排气门的大，而气门锥角有时比排气门的小。（   ）
6. 凸轮轴的转速比曲轴的转速快一倍。（   ）
7. 采用液力挺柱的发动机其气门间隙等于零。（   ）
8. 挺柱在工作时既有上下运动，又有旋转运动。（   ）
9. 气门的最大升程和在升降过程中的运动规律是由凸轮转速决定的。（   ）
10. 排气持续角指排气提前角与排气迟后角之和。（   ）

三、选择题

1. 气门的打开，靠（   ）。
   A. 凸轮的推动力　　　B. 气门弹簧的弹力　　　C. 惯性力
2. 下列不属于配气机构的是（   ）。
   A. 曲轴　　　　　　　B. 气门　　　　　　　C. 气门弹簧　　　D. 气门油封
3. 气门座圈的磨损，将使气门间隙（   ）。
   A. 增大　　　　　　　B. 减小　　　　　　　C. 不变

4. 发动机工作时，曲轴的正时齿轮带动（　　）工作。
   A．进排气凸轮轴　　　B．飞轮
   C．喷油器　　　　　　D．节气门
5. 配气机构按气门的布置分为（　　）。
   A．中置气门式　　　　B．侧置气门式
   C．顶置气门式　　　　D．下置气门式
6. 在某些发动机凸轮轴盖上有时会标有 2000D、OHC，其中 D、OHC 是表示（　　）。
   A．单顶置凸轮轴　　　B．双顶置凸轮轴
   C．新型电喷发动机　　D．缸内喷射
7. 现代汽车发动机普遍采用多气门结构，其作用是为了（　　）。
   A．提高点火性能　　　B．提高喷油性能
   C．减少爆燃　　　　　D．提高充气效率
8. 若气门与气门导管之间的间隙太大，发动机的排气将会是（　　）。
   A．冒白烟　　　　　　B．冒黑烟
   C．冒蓝烟　　　　　　D．没有异常

四、简答题

1. 简述配气机构的作用与组成。

2. 气门间隙过大、过小对发动机的工作有什么影响？

课题四

冷却系统的构造与拆装

[学习任务]

1. 了解冷却系统形式与原理。
2. 掌握水泵、节温器及其他冷却系统部件的组成和各零部件的功用与结构。

[技能要求]

1. 掌握水泵的拆装方法、步骤。
2. 能够对原车上的节温器进行拆装或更换。

任务一　冷却系统的认识

一、冷却系统形式与原理

1. 冷却系统的功用

冷却系统的功用是使发动机在所有工况下都保持在适当的温度范围内。冷却系统既要防止发动机过热，也要防止冬季发动机过冷。在发动机冷起动之后，冷却系统还要保证发动机迅速升温，尽快达到正常的工作温度。

2. 冷却形式

冷却系统按照冷却介质不同可以分为风冷和水冷：把发动机中高温零件的热量以空气为冷却介质直接散入大气而进行冷却的装置称为风冷系统；把发动机中高温零件的热量以冷却液为冷却介质先传给冷却水，然后再散入大气而进行冷却的装置称为水冷系统。由于水冷系统冷却均匀，效果好，而且发动机运转噪声小，目前汽车发动机上广泛采用的是水冷系统。发动机冷却系统如图4-1所示。

课题四 冷却系统的构造与拆装

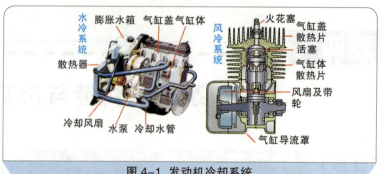

图 4-1 发动机冷却系统

3. 水冷系统的组成与原理

（1）水冷系统的组成

汽车发动机的水冷系统均为强制循环水冷系统，即利用水泵提高冷却液的压力，强制冷却液在发动机中循环流动。这种系统包括水泵、散热器、冷却风扇、节温器、膨胀水箱、发动机机体和气缸盖中的水套以及其他附加装置等。

（2）水冷系统的工作原理

冷却液在冷却系统中的循环路径如图 4-2 所示，水冷系统有小循环和大循环两种冷却液循

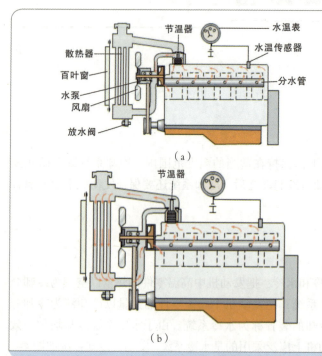

小循环：冷却液在水泵中增压后，经分水管进入发动机的机体水套，冷却液从水套壁周围流过并从水套壁吸热而升温，然后向上流入气缸盖水套。当发动机运行不久或低速时，发动机温度不高，冷却液温度也不高，此时节温器是关闭的。冷却液从气缸盖水套壁吸热后经节温器，然后又流回水泵，从而实现冷却液在冷却系统中的小循环，如图 4-2（a）所示。

大循环：当发动机高速或长时间工作时，发动机温度升高，冷却液温度也升高，冷却液温度到达 85℃以上时，节温器开启。冷却液经节温器及散热器进水软管流入散热器，在散热器中冷却液向流过散热器周围的空气散热而降温，最后冷却液经散热器出水软管返回水泵，如此循环不止，如图 4-2（b）所示。

图 4-2 水冷系统工作示意图

（a）小循环；（b）大循环

环路径。

在汽车行驶或冷却风扇工作时，空气从散热器周围高速流过以增强对冷却液的冷却。铜制或不锈钢制的分水管或直接铸在机体上的分水道，沿其纵向开有出水孔，并与机体水套相通，离水泵越远，出水孔越大，其数目通常与气缸数相同。分水管或分水道的作用是使多缸发动机各气缸的冷却强度均匀一致。

有些发动机的水冷系统，其冷却液的循环流动方向与上述相反，可称其为逆流式水冷系统。在这种水冷系统中，温度较低的冷却液首先被引入气缸盖水套，然后才流过机体水套。由于它改善了燃烧室的冷却而允许发动机有较高的压缩比，从而可以提高发动机的热效率和功率。大多数汽车装有暖风系统。暖风机是一个热交换器，也可称作第二散热器。在装有暖风机的水冷系统中，热的冷却液从气缸盖或机体水套经暖风机进水软管流入暖风机芯，然后经暖风机出水软管流回水泵。吹过暖风机芯的空气被冷却液加热之后，一部分送到挡风玻璃除霜器，一部分送入驾驶室或车厢。

二、水泵

1. 水泵的功用

水泵的功用是对冷却液加压，保证其在冷却系统中循环流动。

2. 水泵的基本结构及工作原理

汽车发动机广泛采用离心式水泵，其基本结构由水泵壳体、水泵轴、叶轮及进、出水管等组成，如图4-3所示。

离心式水泵工作原理如图4-4所示，当水泵叶轮旋转时，水泵中的冷却液被叶轮带动一起旋转，并在离心力的作用下被甩向水泵壳体的边缘，同时产生一定的压力，然后从出水管流出。在叶轮的中心处由于冷却液被甩出而压力下降，散热器中的冷却液在水泵进口与叶轮中心的压差作用下经进水管流入叶轮中心。

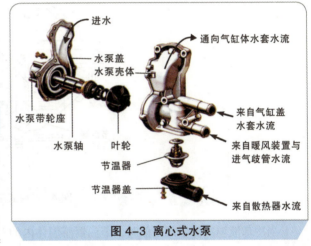

图4-3 离心式水泵

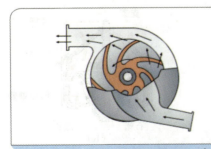

水泵的驱动：水泵一般由曲轴通过皮带驱动。传动带环绕在曲轴带轮和水泵带轮之间，因此水泵转速与发动机转速成比例。有些发动机的水泵由凸轮轴直接驱动。

图4-4 离心式水泵工作原理

三、节温器

1. 节温器的功用

节温器是控制冷却液流动路径的阀门。当发动机冷起动时，冷却液的温度较低，这时节温器将冷却液流向散热器的通道关闭，使冷却液经水泵入口直接流入机体或气缸盖水套，以便使冷却液能够迅速升温。如果不装节温器，让温度较低的冷却液经过散热器冷却后返回发动机，则冷却液的温度将长时间不能升高，发动机也将长时间在低温下运转。同时，车厢内的暖风系统以及用冷却液加热的进气管、化油器预热系统都在长时间内不能发挥作用。

2. 节温器结构及工作原理

汽车发动机装用的节温器大多是蜡式节温器，主要由主阀门、副阀门、推杆、节温器壳体和石蜡等组成，如图4-5所示。

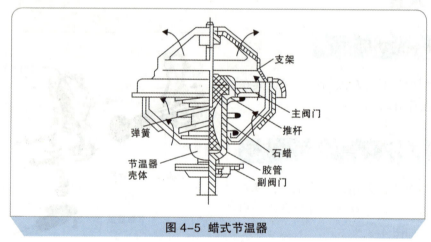

图4-5 蜡式节温器

当冷却液温度低于规定值时，节温器感温体内的石蜡呈固态，节温器阀在弹簧的作用下关闭发动机与散热器间的通道，冷却液经水泵返回发动机，进行小循环，如图4-6（a）所示。当冷却液温度达到规定值后，石蜡开始熔化逐渐变成液体，体积随之增大并压迫橡胶管使其收缩。在橡胶管收缩的同时对推杆作用以向上的推力。由于推杆上端固定，推杆对胶管和感温体产生向下的反推力使阀门开启。这时冷却液经由节温器到达散热器，再经水泵流回发动机，进行大循环，如图4-6（b）所示。

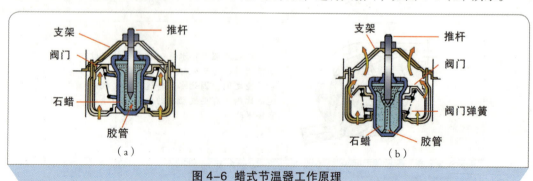

图4-6 蜡式节温器工作原理

（a）当冷却液温度低时，节温器关闭，小循环；（b）当冷却液温度高时，节温器开启，大循环

四、冷却系统其他部件

1. 散热器

1）散热器的功用与组成

认识散热器

功用：将冷却液在机体内吸收的热量传给外界空气，冷却液温度降低。

组成：散热器由进水室、出水室、散热器芯、散热器盖等组成，如图4-7所示。冷却液在散热器芯内流动，空气在散热器芯外通过。热的冷却液由于向空气散热而变冷，冷空气则因为吸收冷却液散出的热量而升温，所以散热器是一个热交换器。

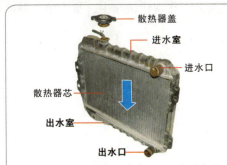

纵流式散热器芯竖直布置，上接进水室，下连出水室，冷却液由进水室自上而下地流过散热器芯进入出水室。

横流式散热器芯横向布置，左右两端分别为进、出水室，冷却液自进水室经散热器芯到出水室横向流过散热器。大多数新型轿车均采用横流式散热器，这可以使发动机罩的外廓较低，有利于改善车身前端的空气动力性。

(a) (b)

图 4-7 散热器

(a) 纵流式散热器；(b) 横流式散热器

2）散热器的分类

（1）按照散热器中冷却液流动的方向可将散热器分为纵流式【图4-7（a）】和横流式【图4-7（b）】两种。

（2）按散热器芯的结构形式可分为管片式散热器、管带式散热器和板式散热器三类，如图4-8所示。

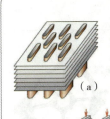
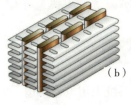

管片式散热器芯由散热管和散热片组成。散热管是焊在进、出水室之间的直管，作为冷却液的通道。在散热管的外表面焊有散热片以增加散热面积，增强散热能力，同时还增大了散热器的刚度和强度。

管带式散热器芯由散热管及波形散热带组成。散热管为扁管并与波形散热带相间地焊在一起。为增强散热能力，在波形散热带上加工有鳍片。与管片式散热器芯相比，管带式的散热能力强，制造简单，质量小，成本低，但结构刚度差。

板式散热器芯的冷却液通道由成对的金属薄板焊合而成。这种散热器芯散热效果好，制造简单，但焊缝多不坚固，容易沉积水垢且不易维修。

图 4-8 散热器芯结构形式

(a) 管片式散热器；(b) 管带式散热器；(c) 板式散热器

2. 冷却风扇

1）风扇的功用及结构

功用：当风扇旋转时吸进空气使其通过散热器，以增强散热器的散热能力，加快冷却液的冷却速度。

结构：冷却风扇置于散热器后面。风扇的转速与发动机在各种工况下的运行有很大的关系。汽车发动机水冷却系统多采用低压头、大风量、高效率的轴流式风扇，即风扇旋转时，空气沿着风扇旋转轴的轴线方向流动。

风扇的转速与发动机在各种工况下的运行有很大的关系。在现代轿车中，常采用各种措施来控制风扇的转速，如采用硅油液力离合器、电动风扇等。

2）硅油风扇离合器

汽车在行驶过程中，由于环境条件和运行工况的变化，发动机的热状况也在改变。因此，必须随时调节发动机的冷却强度。例如，在炎热的夏季发动机在低速大负荷下工作冷却液的温度很高时，风扇应该高速旋转以增加冷却风量，增强散热器的散热能力。而在寒冷的冬天冷却液的温度较低时，或在汽车高速行驶有强劲的迎面风吹过散热器时，风扇继续工作就变得毫无意义了，不仅白白消耗发动机功率，而且还产生很大的噪声。因此，根据发动机的热状况随时对其冷却强度加以调节就显得十分有必要了。在风扇带轮与冷却风扇之间装置硅油风扇离合器是实现这种调节的方法之一，利用流经散热器的空气温度来控制风扇转速的变化。硅油风扇离合器如图4-9所示。

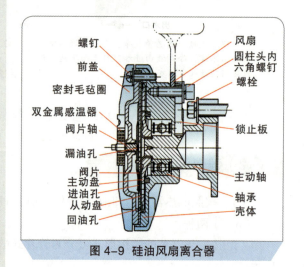

图4-9 硅油风扇离合器

3）电动风扇

很多轿车发动机的水冷系统采用电动风扇，尤其横置发动机前轮驱动的汽车更是如此。电动风扇如图4-10所示，电动风扇由风扇电动机驱动并由蓄电池供电，所以风扇转速与发动机转速无关。在有些电控系统中，电动风扇由电脑控制。冷却液温度传感器向电脑传输与冷却液温度相关的信号。当

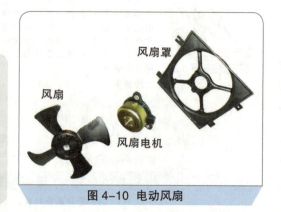

图4-10 电动风扇

冷却液温度达到规定值时,电脑使风扇继电器搭铁,继电器触点闭合并向风扇电动机供电,风扇进入工作状态。电动风扇的优点是结构简单,布置方便,不消耗发动机功率使燃油经济性得到改善。此外,采用电动风扇不需要检查、调整或更换风扇传动带,因而减少了维修的工作量。

3. 冷却液

冷却液是水与防冻剂的混合物。冷却液用水最好是软水。

为了适应冬季行车的需要,在水中加入防冻剂制成冷却液以防止循环冷却水的冻结。最常用的防冻剂是乙二醇。冷却液中水与乙二醇的比例不同,其冰点也不同(表4-1)。50%的水与50%的乙二醇混合而成的冷却液,其冰点约为-35℃。

在水中加入防冻剂还同时提高了冷却液的沸点。因此,防冻剂有防止冷却液过早沸腾的附加作用。

防冻剂中通常含有防锈剂和泡沫抑制剂。在使用过程中,防锈剂和泡沫抑制剂会逐渐消耗殆尽,因此,定期更换冷却液是十分必要的。

防冻剂中一般还要加入着色剂,使冷却液呈蓝绿色或黄色或红色,以便识别。

表4-1 冷却液的冰点与乙二醇质量分数的关系

冷却液冰点/℃	乙二醇的质量分数/%	水的质量分数/%	密度/(kg·m^{-3})
-10	26.4	73.6	1.0340
-20	36.4	63.8	1.0506
-30	45.6	54.5	1.0627
-40	52.6	47.7	1.0713
-50	58.0	42.0	1.0780
-60	63.1	36.9	1.0833

注意:在选用防冻剂之前,应先查阅服务手册和选用生产商推荐的防冻剂类型。

任务二 冷却系统的拆装

一、冷却系统各部件的拆装

1. 水泵的拆装

1)拆卸

(1)拆下发动机下护板,放出冷却液,如图4-11所示。
(2)拆下发电机皮带,如图4-12所示。

检查与更换水泵

图 4-11 拆下发动机下护板

图 4-12 拆下发电机皮带

（3）把发动机吊起，拆下发动机支架，如图 4-13 所示。
（4）仔细地对正上下轮的正时标记，如图 4-14 所示。

图 4-13 拆下发动机支架

图 4-14 对正上下轮的正时标记

（5）然后松开张紧轮，取下正时皮带，如图 4-15 所示。
（6）这就是水泵，安装在缸体上，松开螺丝即能取出，如图 4-16 所示。

图 4-15 取下正时皮带

图 4-16 松开螺丝

（7）取出水泵（此处水泵已近损坏，只剩下金属轴，上面的叶轮已经不见），如图 4-17 所示。

图 4-17 取出水泵

（8）拆卸完毕，如图 4-18 所示。

图 4-18 拆卸完毕

2）安装

按拆卸过程的相反步骤安装，如图 4-19 所示。

图 4-19 安装新的水泵

课题四 冷却系统的构造与拆装

2. 节温器的拆装

1）拆卸（以大众机速腾为例）

（1）打开发动机舱，安装好防护垫，如图4-20所示。
（2）拧开冷却液加注口盖，如图4-21所示。

检查与更换节温器

图4-20 安装防护垫

图4-21 拧开冷却液加注口盖

（3）取下水温传感器线束插头，如图4-22所示。
（4）放掉冷却液。松开散热器进口软管卡扣，拔出散热器进口软管，如图4-23所示。

图4-22 取下水温传感器线束插头

图4-23 放掉冷却液

（5）松开节温器紧固螺栓，如图4-24所示。
（6）取下节温器总成，如图4-25所示。

图4-24 松开节温器紧固螺栓

图4-25 取下节温器总成

（7）拆卸完毕，如图4-26所示。

图4-26 拆卸完毕

2）安装

（1）将节温器总成安装到位，拧紧紧固螺栓。安装时，按拆卸过程的相反顺序安装即可，如图4-27所示。

图4-27 安装节温器总成

注意：安装前，认真检查节温器总成的工作情况。若损坏，应及时更换。

（2）一切就绪后，加注冷却液。如图4-28所示。

（3）起动发动机进行预热，检查冷却液液位和管道泄漏情况如图4-29所示。冷却液不够应再次添加。

图4-28 加注冷却液

图 4-29 冷却液液位和管道泄漏情况的检查

二、水泵的检修

水泵常见的损伤有泵壳体渗漏及破裂、叶轮松脱或损伤、水封损坏、水泵轴与轴承磨损等。

1）泵壳的检修

检查泵壳和带轮有无损伤。泵壳裂纹可进行焊接或更换。壳体与盖结合面变形大于 0.05 mm，应予以修平。轴承座孔磨损可采用镶套法修复或更换。

2）水泵轴的检修

水泵轴弯曲度大于 0.05 mm 时，应冷压校直；水泵轴与轴承内径的配合间隙，应不大于 0.03 mm。轴端螺纹损坏应予更换。

3）水泵叶轮的检修

检查水泵叶轮的叶片有无破损，如破损应焊修或更换。

4）水封的检修

水泵泄水孔漏水，则为水封密封不严。水封是水泵中的易损件，一般在拆修水泵时，都应更换新水封。

5）水泵装合后的检验

水泵装合后，用手转动带轮，泵轴应转动自由，叶轮与泵壳应无碰擦感觉；堵住水泵进水孔，将水灌入水泵腔中，转动水泵轴，泄水孔应无漏水现象。

🔊 课题小结

（1）冷却系统的功用是使发动机在所有工况下都保持在适当的温度范围内。水冷系统有小循环和大循环两种冷却液循环路径。

（2）水泵的功用是对冷却液加压，保证其在冷却系统中循环流动。广泛采用离心式水泵。

（3）节温器是控制冷却液流动路径的阀门。汽车发动机装用的节温器大多是蜡式节温器。

散热器的作用是将冷却液在机体内吸收的热量传给外界空气，使冷却液温度降低。冷却风扇的功用是当风扇旋转时吸进空气使其通过散热器，以增强散热器的散热能力，加快冷却液的冷却速度。冷却液是水与防冻剂的混合物，冷却液用水最好是软水。

一、填空题

1. 发动机冷却系统可分为 _____ 和 _____ 两大类。冷却液工作温度一般为 _____ ℃。
2. 散热器的作用是：当冷却液流过散热器时，利用 _____ 降低其温度。
3. 节温器的作用是：随发动机冷却系统温度的变化 _____ 控制通过散热器的冷却液 _____，使发动机工作在正常的温度范围内。

二、判断题

1. 发动机冷却系统的小循环为常开的。　　　　　　　　　　　　　　　　（　）
2. 若节温器阀门在室温下开启，则予以更换。　　　　　　　　　　　　　（　）
3. 在使用过程中，防冻液中的水蒸气蒸发后，应及时更换防冻液。　　　　（　）
4. 发动机在使用中，冷却水的温度越低越好。　　　　　　　　　　　　　（　）
5. 风扇工作时，风是向散热器方向吹的，这样有利于散热。　　　　　　　（　）
6. 任何水都可以直接作为冷却水加注。　　　　　　　　　　　　　　　　（　）
7. 发动机工作温度过高时，应立即打开散热器盖，加入冷水。　　　　　　（　）
8. 蜡式节温器失效后，发动机易出现过热现象。　　　　　　　　　　　　（　）
9. 蜡式节温器的弹簧，具有顶开节温器阀门的作用。　　　　　　　　　　（　）
10. 硅油风扇离合器，具有降低噪声和减少发动机功率损失的作用。　　　（　）
11. 膨胀水箱中的冷却液液面过低时，可直接补充任何牌号的冷却液。　　（　）
12. 风扇离合器失效后，应立即修复后使用。　　　　　　　　　　　　　（　）

三、选择题

1. （　）发动机利用穿过铸造在缸体、缸盖上的散热片的空气来冷却发动机。
   A. 液冷式　　　　　B. 风冷式　　　　　C. 直列式

2. 防冻液用来保护冷却系统不会（　　）。
   A. 结冰　　　　　B. 渗漏　　　　　C. 过冷
3. 节温器主阀门在（　　）时才打开。
   A. 低温时　　　B. 高温时　　　　C. 冷却液沸腾时
4. 使冷却水在散热器和水套之间进行循环的水泵旋转部件叫作（　　）。
   A. 叶轮　　　　B. 风扇
   C. 壳体　　　　D. 水封
5. 节温器中使阀门开闭的部件是（　　）。
   A. 阀座　　　　B. 石蜡感应体
   C. 支架　　　　D. 弹簧
6. 冷却系统中提高冷却液沸点的装置是（　　）。
   A. 水箱盖　　　B. 散热器
   C. 水套　　　　D. 水泵
7. 水泵泵体上溢水孔的作用是（　　）。
   A. 减少水泵出水口工作压力
   B. 减少水泵进水口工作压力
   C. 及时排出向后渗漏的冷却水，保护水泵轴承
   D. 便于检查水封工作情况
8. 如果节温器阀门打不开，发动机将会出现（　　）的现象。
   A. 温升慢　　　B. 热容量减少
   C. 不能起动　　D. 怠速不稳定
9. 加注冷却水时，最好选择（　　）。
   A. 井水　　　　B. 泉水
   C. 雨雪水　　　D. 蒸馏水
10. 为在容积相同的情况下获得较大散热面积，提高抗裂性能，散热器冷却管应选用（　　）。
    A. 圆管　　　　B. 扁圆管　　　　C. 矩形管　　　　D. 三角形管
11. 发动机冷却系统中锈蚀物和水垢积存的后果是（　　）。
    A. 发动机温升慢　　B. 热容量减少
    C. 发动机过热　　　D. 发动机怠速不稳

四、简答题

1. 名词解释：冷却液大循环。

2. 冷却系统的哪些因素会导致发动机温度过高？

3. 水泵的作用是什么？

课题五

润滑系统的结构与拆装

[学习任务]→

1. 了解润滑系统的功用与组成。
2. 掌握机油泵、机油滤清器及其他润滑系统部件的组成和各零部件的功用与结构。

[技能要求]→

1. 掌握机油滤清器的更换方法和步骤。
2. 掌握机油泵的拆装和检修方法。

任务一　润滑系统的认识

一、润滑系统功用与组成

1. 润滑系统的功用与方式

1）润滑系统的功用

发动机工作时，各运动零件均以一定的力作用在另一个零件上，并且发生高速的相对运动，有了相对运动，零件表面必然要产生摩擦，加速磨损。因此，为了减轻磨损，减小摩擦阻力，延长使用寿命，发动机上都必须有润滑系统。

润滑系统的功用就是在发动机工作时，连续不断地将机油送至运动零件表面，减小零件的摩擦和磨损；机油流经各零件表面时，还会带走摩擦产生的热量，清洗零件表面，带走磨屑和其他异物；在零件表面形成油膜，防止腐蚀生锈；同时也提高零件的密封性，有利于防止漏气或漏油。即润滑系统具有润滑、冷却、清洁、密封、防腐、防锈的功能。

2）润滑的方式

由于发动机传动件的工作条件不尽相同，因此，对负荷及相对运动速度不同的传动件采用不同的润滑方式。发动机的润滑方式有三种：压力润滑、飞溅润滑和润滑脂润滑。

（1）压力润滑。压力润滑是以一定的压力把机油供入摩擦表面的润滑方式。这种方式主要用于曲轴各轴颈与轴承之间、凸轮轴轴颈与轴承之间、摇臂轴与摇臂之间等部位的润滑。

（2）飞溅润滑。飞溅润滑是利用发动机工作时运动件溅泼起来的油滴或油雾润滑摩擦表面的润滑方式，称飞溅润滑。该方式主要用来润滑负荷较轻的气缸壁面和凸轮、挺柱、活塞销等零件的工作表面。

（3）润滑脂润滑。对于一些分散的、负荷较小的部位，采用定期加注润滑脂的方式进行润滑，如水泵、发电机、起动机等的润滑就采用这种方式。

2. 润滑系统的组成及油路

润滑系统由机油泵、机油滤清器、机油冷却器、机油集滤器等组成，如图5-1所示。此外，润滑系统还包括机油压力表、温度表和机油管道等。

发动机的润滑部位主要有曲柄连杆机构、配气机构及正室齿轮室。润滑系统的油路如图5-2所示。在此系统中，曲轴的主轴颈、曲柄销、凸轮轴轴颈及中间轴（分电器和机油泵的传动轴颈）均采用压力润滑，其余部分则用飞溅润滑或润滑脂润滑。

图5-1 润滑系统的组成

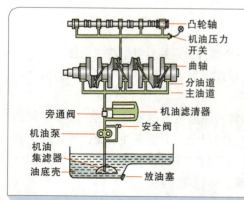

当发动机工作时，机油从油底壳经集滤器被机油泵送入机油滤清器。如果油压太高，则机油经机油泵上的安全阀返回油底壳。全部机油经滤清器滤清之后进入发动机主油道。滤清器盖上设有旁通阀，当滤清器堵塞时，机油不经过滤清器滤清由旁通阀直接进入主油道。机油经主油道进入五条分油道，分别润滑五个主轴承。然后，机油经曲轴上的斜油道，从主轴承流向连杆轴承，润滑连杆轴颈。主油道的另一条分油道直达凸轮轴轴承润滑油道，此油道也有五个分油道，分别向五个凸轮轴轴承供油。在凸轮轴轴承润滑油道的后端，也就是整个压力润滑油路的终端装有最低机油压力报警开关。当发动机起动之后，机油压力较低，最低油压报警开关触点闭合，油压指示灯亮。当机油压力超过一定值时，最低油压报警开关触点断开，指示灯熄灭。

图5-2 润滑系统的油路

二、润滑剂

汽车发动机润滑剂包括机油和润滑脂两种，如图 5-3 所示。

1. 机油的功用

图 5-3 汽车发动机润滑剂

1）润滑

机油在运动零件的所有摩擦表面之间形成连续的油膜，以减小零件之间的摩擦。

2）冷却

机油在循环过程中流过零件工作表面，可以降低零件的温度。

3）清洗

机油可以带走摩擦表面产生的金属碎末及冲洗掉沉积在气缸、活塞、活塞环及其他零件上的积炭。

4）密封

附着在气缸壁、活塞及活塞环上的油膜，可起到密封防漏的作用。

5）防锈

机油有防止零件发生锈蚀的作用。

2. 机油的使用特性及机油添加剂

汽车发动机机油在润滑系统内循环流动，循环次数每小时可达 100 次。机油的工作条件十分恶劣，在循环过程中，机油与高温的金属壁面及空气频频接触，不断氧化变质。窜入曲轴箱内的燃油蒸气、废气及金属磨屑和积炭等，使机油受到严重污染。另外，机油的工作温度变化范围很大：在发动机起动时为环境温度；在发动机正常运转时，曲轴箱中机油的平均温度可达 95℃ 或更高。同时，机油还与 180℃～300℃ 的高温零件接触，受到强烈的加热。

1）适当的黏度

机油黏度对发动机的工作有很大的影响。黏度过小,在高温、高压下容易从摩擦表面流失,不能形成足够厚度的油膜;黏度过大,冷起动困难,机油不能被泵送到摩擦表面。机油的黏度随温度而变化。温度升高,黏度减小;温度降低,黏度增大。

2）优异的氧化安定性

氧化安定性是指机油抵抗氧化作用不使其性质发生永久变化的能力。当机油在使用与储存过程中与空气中的氧气接触而发生氧化作用时,机油的颜色变暗,黏度增加,酸性增大,并产生胶状沉积物。氧化变质的机油将腐蚀发动机零件,甚至破坏发动机的工作。

3）良好的防腐性

机油在使用过程中不可避免地被氧化而生成各种有机酸。这类酸性物质对金属零件有腐蚀作用,可能使铜铅和镉镍一类的轴承表面出现斑点、麻坑或使合金层剥落。

4）较低的起泡性

由于机油在润滑系统中快速循环和飞溅,必然会产生泡沫。如果泡沫太多,或泡沫不能迅速消除,将造成摩擦表面供油不足。控制泡沫生成的方法,是在机油中添加泡沫抑制剂。

5）强烈的清净分散性

机油的清净分散性是指机油分散、疏松和移走附着在零件表面上的积炭和污垢的能力。为使机油具有清净分散性,必须加入清净分散添加剂。

6）高度的极压性

在摩擦表面之间的油膜厚度小于 0.4 μm 的润滑状态,称边界润滑。习惯上把高温、高压下的边界润滑,称为极压润滑。机油在极压条件下的抗磨性叫作极压性。

3. 机油的选用与使用

(1) 根据汽车发动机的强化程度选用合适的机油使用级。

(2) 润滑油的黏度随温度变化而变化,温度高则黏度小,温度低则黏度大,因此,根据地区的季节气温选用适当黏度等级的机油。

(3) 汽车每行驶 7 500 km 应定期更换发动机机油。如汽车连续在多尘地区及气温低的寒冷地区行驶，更换周期应相应缩短。

（4）发动机机油面应经常检查，保持机油油面位于机油尺"MAX"（最高）及"MIN"（最低）之间。

4. 润滑脂

润滑脂是将稠化剂掺入液体润滑剂中所制成的一种稳定的固体或半固体产品，其中可以加入旨在改善润滑脂某种特性的添加剂。润滑脂在常温下可附着于垂直表面而不流淌，并能在敞开或密封不良的摩擦部位工作，具有其他润滑剂所不能代替的特点，因此，在汽车的许多部位都使用润滑脂润滑。

目前，进口汽车和国产新车普遍推荐使用汽车通用锂基润滑脂。这种润滑脂具有良好的高低温适应性，可在 –30℃ ~ 120℃ 的宽温度范围内使用；具有良好的抗水性和防锈性能，可用于潮湿和与水接触的摩擦部位；具有良好的安定性和润滑性，在高速运转的机械部位使用，不变质、不流失，保证润滑。它能够满足我国从哈尔滨到海南岛广大地区汽车的使用要求，与使用钙基或复合钙基润滑脂比较，可以使换油期延长 2 倍，使润滑和维护费下降 40% 以上。

三、机油泵

1. 机油泵的功用与结构

机油泵的功用是提高润滑系统机油压力，使机油在润滑系统内循环流动，保证发动机在任何转速下都能把机油送达各运动件的摩擦表面。

机油泵按其结构可分为齿轮式和转子式两类。齿轮式机油泵又分内啮合齿轮式和外啮合齿轮式两种。

1）外啮合齿轮式机油泵

外啮合齿轮式机油泵结构及工作原理如图 5-4 所示。机油泵体内有一对外啮合齿轮（主动齿轮和从动齿轮），主动齿轮受发动机驱动，齿轮与机油泵体和泵盖形成了进油腔、过渡油腔和出油腔。当主动齿轮带动从动齿轮旋转时，进油腔内由于油液逐渐被带走，产生一定真空度，润滑油从油底壳被吸入进油腔。随后被轮齿带到过渡油腔，再进入出油腔，出油腔由于油液逐渐增多，压力升高，润滑油经出油口被输出。

外啮合齿轮式机油泵的优点是效率高，功率损失小，工作可靠；缺点是需要中间传动机构，制造成本相应较高。

2）内啮合齿轮式机油泵

内啮合齿轮式机油泵的结构及工作原理如图 5-5 所示，其工作原理与外啮合齿轮式机油泵相同。内接齿轮泵的结构，其外齿轮是主动齿轮，套在曲轴前端，通过花键由曲轴直接驱动。内接齿轮是从动齿轮，装在机油泵体内，泵体固定在机体前端。

因为内接齿轮泵由曲轴直接驱动，无须中间传动机构，所以零件数量少，制造成本低，占用空间小，使用范围广。但是这种机油泵在内、外齿轮之间有一处无用的空间，使机油泵的泵油效率降低。另外，如果曲轴前端轴颈太粗，机油泵外形尺寸随之增大，发动机驱动机油泵的功率损失也相应有所增加。

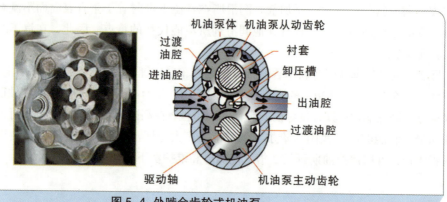

图 5-4 外啮合齿轮式机油泵

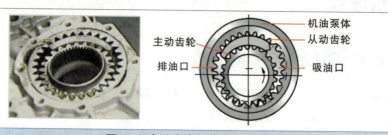

图 5-5 内啮合齿轮式机油泵

3）转子式机油泵

转子式机油泵主要由内、外转子，泵壳及泵盖等零件组成，如图 5-6 所示。外转子比内转子多一个齿，内转子固定在机油泵传动轴上，外转子自由地安装在泵体内，并与内转子啮合转动。内、外转子之间有一定的偏心距。转子式机油泵的优点是结构紧凑，供油量大，供油均匀，噪声小，吸油真空度较高。

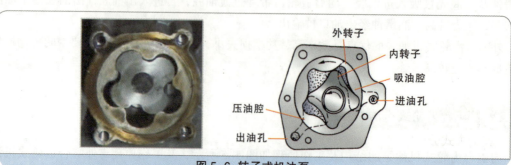

图 5-6 转子式机油泵

2. 安全阀

机油泵必须在发动机各种转速下都能供给足够数量的机油，以维持足够的机油压力，保证发动机的润滑。机油泵的供油量与其转速有关，而机油泵的转速又与发动机转速成正比。因此，在设计机油泵时，都是使其在低速时有足够大的供油量。但是，在高速时机油泵的供油量明显偏大，机油压力也显著偏高。另外，在发动机冷起动时，机油黏度大，流动性差，机油压力也会大幅度升高。为了防止油压过高，在润滑油路中设置安全阀或限压阀。一般安全阀装在机油泵或机体的主油道上。当安全阀安装在机油泵上时，如果油压达到规定值，安全阀开启，多余的机油返回机油泵进口。如果安全阀安装在主油道上，则当油压达到规定值时，多余的机油经过安全阀流回油底壳。安全阀结构与工作过程如图5-7所示。

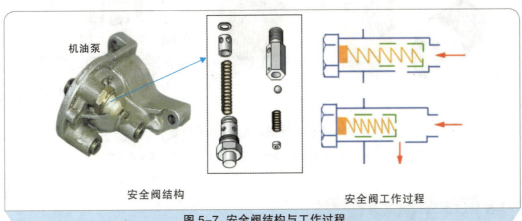

图5-7 安全阀结构与工作过程

四、机油滤清器

1. 机油滤清器的功用

机油滤清器的功用是滤除机油中的金属磨屑、机械杂质和机油氧化物（如果这些杂质随同机油进入润滑系统，将加剧发动机零件的磨损，还可能堵塞油管或油道），保持机油的清洁。

2. 机油滤清器的分类

1）按过滤能力分类

按过滤能力分有：粗滤器和细滤器，如图5-8所示。

2）按滤清方式分类

按滤清方式分有：过滤式和离心式两种（图5-9）。过滤式按滤芯材料分有：金属式和纸质式。

课题五 润滑系统的结构与拆装

粗滤器
滤除机油中粒度较大（直径为 0.05 mm 以上）的杂质。它对机油的流动阻力较小，串联于机油泵与主油道之间，即属于全流式滤清器。

细滤器
用来滤除粒径为 0.001 mm 以上的细小杂质，它对机油的流动阻力较大，多与主油道并联，即属于分流式滤清器。

图 5-8 不同过滤能力的机油滤清器

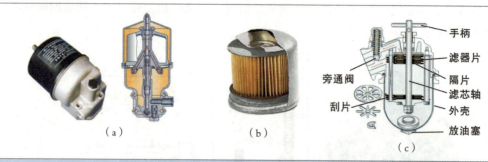

图 5-9 不同滤清方式的机油滤清器
（a）离心式机油滤清器；（b）纸质滤清器；（c）金属片缝隙滤清器

3）按与油道连接方式分类

按与油道连接方式分为全流式和分流式。

（1）全流式机油滤清器。全流式机油滤清器串联于机油泵和主油道之间，因此全部机油都经过它滤清，如图 5-10（a）所示。现代汽车发动机所采用的全流式滤清器多为过滤式。机油从纸滤芯的外围进入滤清器中心，然后经出油口流进机体主油道。机油流过滤芯时杂质被截留在滤芯上。如果滤清器使用时间达到了更换周期，就把整个滤清器拆下扔掉换上新滤清器。纸滤芯由经过酚醛树脂处理的微孔滤纸制造，这种滤纸具有较高的强度，较好的抗腐蚀性和抗湿性。纸滤芯则具有质量小、体积小、结构简单、滤清效果好、阻力小和成本低等优点，因而得到了广泛的应用。目前在轿车上普遍采用全流式机油滤清器。机油滤清器的滤芯还可以采用其他纤维滤清材料制作。

（2）分流式机油细滤器。分流式机油细滤器与主油道并联，经过粗滤器的机油进入主油道，而流过细滤器的机油直接返回油底壳，如图 5-10（b）所示。分流式机油细滤器有过滤式和离心式两种类型。过滤式存在着滤清能力与通过能力的矛盾，而离心式则有滤清能力高、通过能力大且不受沉淀物影响等优点，因此，汽车用发动机多以离心式机油滤清器作为分流式机油细滤器。

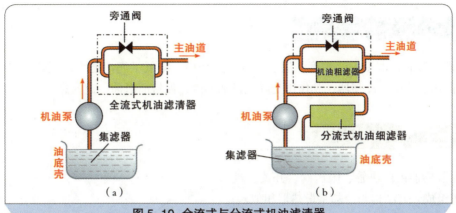

图 5-10 全流式与分流式机油滤清器
（a）全流式；（b）分流式

五、润滑系统其他部件

1. 机油集滤器

1）机油集滤器的功用

机油集滤器安装在机油泵进油口的前面，主要是防止较大的机械杂质进入机油泵。集滤器形式可以分为浮式集滤器和固定式集滤器两种，如图 5-11 所示。

浮式集滤器由满浮子、滤网、底盖片、弯管活动接头等组成。机油泵工作时，机油从罩子与浮子间的狭缝被吸入，通过滤网滤去粗大的杂质后，经焊在浮子上的油管进入机油泵。当滤网被堵塞时，进油管的吸力增大，克服滤网的阻力而使环口离开罩，机油便不经滤网而直接从环口进入吸油管。浮式集滤器漂浮于机油表面吸油，能吸入油面上较清洁的机油，但油面上的泡沫也易被吸入，使机油压力降低，润滑欠可靠，故目前应用不多。

固定式集滤器淹没在油面之下，吸入的机油清洁度较差，但可防止泡沫吸入，润滑可靠，结构简单，正逐步取代浮式集滤器。

图 5-11 机油集滤器

2）机油集滤器的检修

集滤器的损坏形式有：油管和滤网堵塞、浮子破损下沉等。
油管和滤网堵塞应用柴油或煤油清洗后用压缩空气吹干；浮子有破损应进行焊修。

2. 机油散热器和冷却器

发动机运转时，由于机油黏度随温度的升高而变稀，降低了润滑能力，因此，有些发动机装用了机油散热器或机油冷却器，其作用是降低机油温度，保持润滑油一定的黏度。

1）机油散热器

机油散热器由散热管、限压阀、开关、进出水管等组成。其结构与冷却水散热器相似。

机油散热器一般安装在冷却水散热器的前面，与主油道并联。机油泵工作时，一方面将机油供给主油道；另一方面经限压阀、机油散热器开关，进油管进入机油散热器内，冷却后从出油管流回机油盘，如此循环流动。机油散热器如图5-12所示。

图 5-12 机油散热器

2）机油冷却器

发动机机油冷却器分为风冷式和水冷式两类。

风冷式机油冷却器

风冷式机油冷却器的芯子由许多冷却管和冷却板组成。在汽车行驶时，利用汽车迎面风冷却热的机油冷却器芯子。风冷式机油冷却器要求周围通风好，在普通轿车上很难保证有足够的通风空间，一般很少采用。在赛车上多半采用这种冷却器，因为赛车速度高，冷却风量大。

水冷式机油冷却器

将机油冷却器置于冷却水路中，利用冷却水的温度来控制润滑油的温度。当润滑油温度高时，靠冷却水降温，发动机起动时，则从冷却水吸收热量使润滑油迅速提高温度。机油冷却器由铝合金铸成的壳体、前盖、后盖和铜芯管组成。为了加强冷却，管外又套装了散热片。冷却水在管外流动，润滑油在管内流动，两者进行热量交换。也有使油在管外流动，而水在管内流动的结构。水冷式机油冷却器如图5-13所示。水冷式机油冷却器外形尺寸小，布置方便，且不会使机油冷却过度，机油温度稳定，因而在轿车上应用较广。

3. 机油标尺

机油标尺用来检查油底壳中的机油的存量。它是一根插在气缸体油平面检查孔内的扁平杆。标尺的一端刻有刻线，在发动机停止工作，全部机油都流回油底壳时，先拔出机油尺，擦干后重新插入曲轴箱内，第二次拔出机油尺，察看机油的油迹，油面高度应在油标尺的上、下限刻度之间。

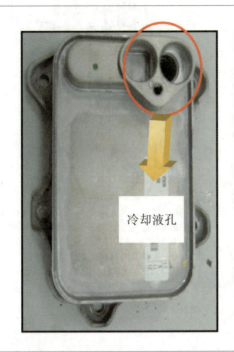
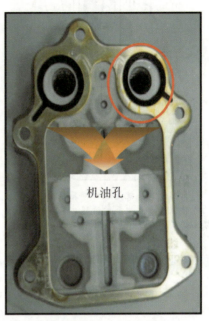

图 5-13 水冷式机油冷却器

4. 机油压力表

机油压力表用以指示发动机工作时润滑系中机油压力的大小，一般都采用电热式机油压力表，它由油压表和传感器组成，中间用导线连接。传感器装在粗滤器或主油道上，它把感受到的机油压力传给油压表。油压表装在驾驶室内仪表板上，显示机油压力的大小值。

5. 曲轴箱通风装置

发动机工作时，会有少量可燃混合气及燃烧后的废气通过活塞、活塞环与气缸壁之间的间隙窜入曲轴箱，由此容易导致润滑油（机油）稀释变质以及酸性物质腐蚀零件；窜入曲轴箱的气体增加，使压力增高，润滑油外泄。为防止上述现象，曲轴箱设有通风装置，可将废气排出，并将新鲜空气导入。

曲轴箱通风装置的作用是及时将进入曲轴箱内的混合气和废气抽出，同时使新鲜空气进入曲轴箱，形成不断的对流。曲轴箱的通风方式一般有两种：自然通风和强制通风，如图 5-14 所示。汽油机通常采用强制通风，靠气缸内吸力把曲轴箱内的浊气吸入气缸燃烧。而柴油机则常采用自然通风，把曲轴箱内浊气吸出，同时新鲜空气从小空气滤清器补充进来。

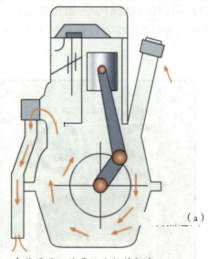
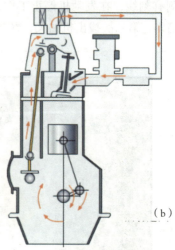

自然通风：就是从曲轴箱抽出的气体直接导入大气的通风方式。柴油机多采用这种通风方式。

强制通风：就是从曲轴箱抽出的气体导入发动机的进气管，吸入气缸再燃烧的通风方式。强制式曲轴箱通风系统又称PCV系统。汽油机一般都采用这种通风方式。

图 5-14 曲轴箱通风装置

（a）自然通风；（b）强制通风

任务二　润滑系统的拆装

一、机油滤清器的更换

（1）将车辆停放在平坦的地面上，如图 5-15 所示，起动发动机并使其处于热状态，然后熄火。将车辆升起。

（2）拧下油底壳上的放油螺塞，趁热放出机油，如图 5-16 所示。

更换机油滤清器

图 5-15　车辆停放在平坦的地面

图 5-16　拧下放油螺塞放出机油

（3）用专用工具拆卸机油滤清器，放净机油，如图5-17所示。

（4）擦干净机油滤清器座，如图5-18所示。

图5-17 拆卸机油滤清器，放净机油

图5-18 擦净机油滤清器座

（5）在将新滤清器装上之前，要先在滤清器上倒上一点机油，如图5-19所示，并且涂匀在滤清器的表面上，使滤清器首先润滑。

（6）安装新的机油滤清器，如图5-20所示。

图5-19 倒上机油

图5-20 安装新的机油滤清器

（7）按规定力矩拧紧油底壳的放油螺塞，如图5-21所示。

（8）换好机油滤清器、拧上放油螺塞，按规定容量加注新鲜的机油，如图5-22所示。

图5-21 拧紧放油螺塞

图5-22 加注新鲜的机油

（9）检查油底壳内的机油液面高度，如图 5-23 所示，应符合规定的高度。
（10）操作完毕。

二、机油泵的拆装及检修

1. 拆装（以马自达创驰蓝天发动机为例）

图 5-23 检查机油液面高度

1）拆卸

（1）将发动机翻转，油底壳向上。
（2）拧下油底壳螺栓，如图 5-24 所示，取下油底壳。
（3）取下缸体加强盖，如图 5-25 所示。

机油泵拆装

图 5-24 拧下油底壳螺栓

图 5-25 取下缸体加强盖

（4）利用专用工具拆卸机油泵齿轮和链条，并取下齿轮和链条，如图 5-26 所示。
（5）松开机油泵固定螺栓，取下机油泵总成，如图 5-27 所示。

图 5-26 取下齿轮和链条

图 5-27 取下机油泵总成

2）安装

按拆卸过程的相反步骤安装。

2. 机油泵的检修

1）齿轮式机油泵的检修

（1）直观检查泵体与泵盖，若有裂纹应进行焊修或更换新件。

（2）检查主、从动齿轮啮合间隙（图 5-28 所示），可用塞尺在互成 120°处分三点测量，啮合间隙一般为 0.05～0.25 mm，各点测量误差不应超过 0.1 mm，不符合规定应成对更换齿轮。

（3）检查齿轮与泵体的间隙（齿顶间隙），用塞尺测量（图 5-29），如间隙超过 0.3 mm 应更换新件。

（4）检查齿轮与泵盖之间的端面间隙，将钢尺直边紧靠在带齿轮的泵体端面上，将塞尺插入缝隙进行测量（图 5-30），一般为 0.05～0.25 mm，如间隙不符合要求，可增减垫片或磨削泵壳与盖结合面。

图 5-28 主、从动齿啮合间隙的检查

图 5-29 齿轮与泵体的间隙的测量

（5）将机油泵装复后，用手转动机油泵传动齿轮轴，应转动自如，无卡滞现象；给机油泵注满干净的润滑油，堵住出油口，用手转动机油泵主动轴时，应有明显的油压感觉。

（6）将机油泵装到车上后，通过机油压力表再检查一次机油压力。当发动机温度正常时，发动机怠速和高速机油压力应符合规定，如油压不符合标准，则应对限压阀进行调整，在限压阀弹簧一端增加或减少垫片，以改变弹簧的张力使油压达到规定值。

图 5-30 端面间隙的测量

2）转子式机油泵的检修

▶ 检查内外转子的齿顶间隙

用塞尺测量驱动和从动转子齿顶间隙（图5-31）。如果超过极限值，则应更换整套转子。

▶ 检查外转子与泵体之间的间隙

用塞尺测量从动转子和壳体的间隙（图5-32）。如超过极限值，则应更换整套转子，必要时更换油泵组件。

图5-31 齿顶间隙的检测

图5-32 从动转子和壳体间隙的检测

▶ 检查端面间隙

用塞尺和精密的平尺测量转子和端盖之间的间隙（图5-33）。如超过极限值，则应更换整套转子，必要时应更换油泵组件。

▶ 装复机油泵

安装转子时注意：内外转子标记应对齐，并使安装记号朝向泵体，如图5-34所示。

图5-33 转子和端盖之间间隙的检测

图5-34 装机油泵时标记对齐朝向泵体

三、机油滤清器的检修

1. 粗滤器的检修

一般汽车每行驶 12 000 km 左右，应拆洗壳体，更换一次滤芯。检查各密封圈，若有老化、损坏应更换。无特殊情况，不必拆卸和调整旁通阀。将滤清器安装到气缸体上时，应先在滤清器内充满机油。

2. 细滤器的检修

对于可拆式纸质滤芯式机油细滤器，其检修方法与机油粗滤器相同。离心式机油细滤器检修方法如下：

在发动机的机油压力高于 0.1 MPa 时，运转 10 s 以上（机油压力较低时机油不会进入细滤器），然后立即熄火。在熄火后的 2～3 min 内，若在发动机旁听不到细滤器转子转动的"嗡嗡"声，则说明细滤器工作不正常。若机油压力正常，细滤器的进油单向阀也未堵塞，则为细滤器故障。此时应拆下细滤器，拧开压紧螺母，取下外罩，将转子转到喷嘴对准挡油板的缺口时，取出转子。清除转子内壁上的污物，清洗转子并疏通喷嘴（注意不能用金属丝疏通，应用压缩空气吹通），经调整或换件后再组装。

3. 机油散热器与机油冷却器的检修

1）机油散热器的检修

机油散热器常见的故障是管道阻塞不通、管道破裂、散热片重叠变形、限压阀调整不当等。机油散热器拆下后，用煤油灌入散热管道进行清理，并用压缩空气吹通。散热管如有损坏，可参照冷却系统散热器修理方法进行。散热片重叠变形予以拨正，并用压缩空气吹净片间积垢。

2）机油冷却器的检修

清洗：拆下冷却器，将冷却器置于 10%～15% 氢氧化钠水溶液内，加热，浸煮 0.5 h 左右，取出冷却器用清水冲洗出水箱内的水垢。水管内的水垢严重时也可拆去上、下水室后，用通条逐个捅除水管内的水垢，然后再焊好上、下水室。

课题小结

（1）润滑系统具有润滑、冷却、清洁、密封、防腐、防锈的功能。润滑的方式有压力润滑、飞溅润滑和润滑脂润滑。

（2）机油泵的功用是提高润滑系统机油压力，使机油在润滑系统内循环流动，保证发动机在任何转速下都能把机油送达各运动件的摩擦表面。机油泵按其结构可分为齿轮式和转子式两类。齿轮式机油泵又分内啮合齿轮式和外啮合齿轮式两种。

（3）机油滤清器的功用是滤除机油中的金属磨屑、机械杂质和机油氧化物，保持机油的清洁。

（4）机油集滤器安装在机油泵进油口的前面，主要是防止较大的机械杂质进入机油泵。

思考与练习

一、填空题

1. 润滑油的作用有_____、_____、_____、_____等。
2. 润滑方式有_____、_____、_____等。

二、判断题

1. 润滑系统中旁通阀的作用是防止机油压力过高而损坏机件。（   ）
2. 机油冷却器即风冷式机油散热器。（   ）
3. 润滑系统的油路是：集滤器→机油泵→粗滤器→细滤器→主油道→润滑机件。（   ）
4. 对负荷大，相对运动速度高的摩擦面均采用压力润滑，所以活塞与气缸壁之间一般也采用压力润滑。（   ）
5. 润滑系统中旁通阀一般安装在粗滤器中，其功用是限制主油道的最高压力。（   ）
6. 细滤器能过滤掉很小的杂质和胶质，所以经过细滤器过滤的润滑油应直接流向机件的润滑表面。（   ）
7. 曲轴箱的强制通风是靠进气管管口处的真空度将曲轴箱内的气体排出的。（   ）
8. 离心式机油细滤器，在发动机熄火后不应有转动声。（   ）
9. 油压警告灯是机油压力过低的警告装置。（   ）
10. 过滤式机油滤清器的滤芯可反复多次使用。（   ）
11. 机油粗滤器旁通阀的作用是限压。（   ）
12. 机油限压阀在润滑系统油道中起保护作用。（   ）
13. 润滑油路中的机油压力不能过高，所以润滑油路中用旁通阀来限制油压。（   ）

三、选择题

1. 发动机的活塞与气缸壁间多采用（　　）。
   A. 压力润滑　　　　　　B. 定期润滑　　　　C. 飞溅润滑

2. 大多数汽油机都采用（　　）。
   A. 自然通风法　　　　　B. 强制通风法　　　C. 两种通风法都采用

3. 机油中铁的微粒含量过高，其原因可能为（　　）。
   A. 气缸磨损严重　　　　B. 轴承磨损严重　　C. 曲轴箱通风不良

4. 机油消耗异常，但无外观症状，其故障部位可能在（　　）。
   A. 气缸 – 活塞配合副　　B. 机油泵　　　　　C. 机油渗漏

5. 润滑系统中旁通阀的作用是（　　）。
   A. 防止机油压力过高　　　B. 防止滤清器脏堵导致主油道缺油
   C. 防止高速运转时缺油

6. 发动机润滑系统的限压阀弹簧过硬将导致机油压力（　　）。
   A. 过高　　　　　　　　B. 过低　　　　　　C. 低于标准值

7. 转子式机油泵工作时（　　）。
   A. 外转子转速低于内转子转速
   B. 外转子转速高于内转子转速
   C. 内外转子转速相等
   D. 内外转子转速不确定

8. 正常工作的发动机，其机油泵的限压阀应该是（　　）。
   A. 经常处于关闭状态　　B. 热机时开，冷机时关
   C. 经常处于溢流状态　　D. 热机时关，冷机时开

9. 新装的发动机，若曲轴主轴承间隙偏小，将会导致机油压力（　　）。
   A. 过高　　　　　　　　B. 过低
   C. 略偏高　　　　　　　D. 略偏低

10. 机油粗滤器上装有旁通阀，当滤芯堵塞时，旁通阀打开，（　　）。
    A. 使机油流回机油泵
    B. 使机油直接进入细滤器
    C. 使机油直接进入主油道
    D. 使机油不经过滤芯，直接流回油底壳

四、简答题

1. 画出一般发动机润滑系统油路的大致走向图。

2. 润滑系统的哪些因素会导致机油压力过低？

课题六

燃油供给系统的构造与拆装

[学习任务]

了解汽油机燃油系统的功用与燃料。

[技能要求]

1. 掌握喷油器的拆装与检修方法。
2. 能够检修汽油泵。
3. 能够检修油压调节器。

任务一 燃油系统的认识

汽油喷射式发动机的燃油系统简称汽油喷射系统，它是在恒定的压力下，利用喷油器将一定数量的汽油直接喷入气缸或进气管道内的汽油机燃油供给装置。与化油器相比，汽油喷射系统具有下列优点：能根据发动机工况的变化供给最佳空燃比的混合气；供入各气缸内的混合气，其空燃比相同，数量相等；由于进气管道中没有狭窄的喉管，因此进气阻力小，充气性能好。因此，汽油喷射式发动机具有较高的动力性和经济性、良好的排放性。此外，发动机的振动有所减轻，汽车的加速性也有显著改善。

一、燃油喷射系统的分类

汽油喷射系统有多种类型，可按不同方法进行分类。

1. 按汽油喷射系统的控制方法分类

按汽油喷射系统的控制方法可分为机械控制式、电子控制式及机电混合控制式三种。近10年来电子控制汽油喷射系统（以下简称"电控汽油喷射系统"）得到了迅速而又充分的发展，成本大幅度下降，使用可靠性和可维修性都达到了相当高的水平。

2. 按喷射部位的不同分类

按喷射部位的不同可分为缸内喷射和缸外喷射两种，如图6-1所示。

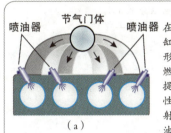
缸内喷射：将喷油器安装在气缸盖上，把燃油直接喷入气缸内，配合缸内组织的气体流动形成可燃混合气，容易实现分层燃烧和稀混合气燃烧，可进一步提高汽油发动机的经济性和排放性。这种喷射系统需要较高的喷射压力（3～5 MPa），因而喷油器的结构和布置都比较复杂。

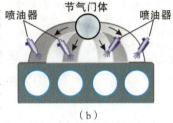
缸外喷射：将喷油器安装在进气管或进气歧管上，以0.20～0.35 MPa的喷射压力将汽油喷入进气管或进气道内。缸外喷射应用广泛。

图6-1 缸内喷射与缸外喷射

（a）缸内喷射；（b）缸外喷射

3. 按喷油器的数量分类

按喷油器的数量可分为单点喷射和多点喷射，如图6-2所示。缸外喷射系统分进气管喷射（单点喷射）和进气歧管喷射（多点喷射）。

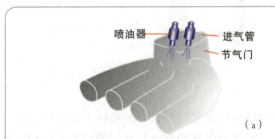
单点喷射：在节气门上方装一个中央喷射装置，用1个或2个喷油器集中喷射。汽油喷入进气流中，形成的可燃混合气由进气歧管分配到各气缸中。单点喷射又称为节气门体喷射（TBI）或中央喷射（CFI）。

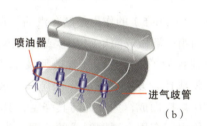
多点喷射：在每缸进气门处装有一个喷油器，由电子控制单元（ECU）控制喷油，因此多点喷射又称为多气门喷射。

图6-2 单点喷射与多点喷射

（a）单点喷射；（b）多点喷射

4. 按喷射的连续性分类

按喷射的连续性将汽油喷射系统分为连续喷射式和间歇喷射式。

连续喷射是指在发动机工作期间，喷油器连续不断地向进气道内喷油，且大部分汽油是在进气门关闭时喷射的。这种喷射方式大多用于机械控制式或机电混合控制式汽油喷射系统。

间歇式喷射是指在发动机工作期间，汽油被间歇地喷入进气道内。电控汽油喷射系统都采用间歇喷射方式。间歇喷射还可按各缸喷射时间分为同时喷射、分组喷射和顺序喷射三种形式，如图6-3所示。

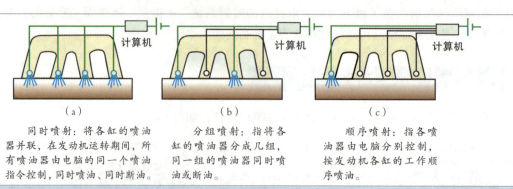

图 6-3 间歇喷射

（a）同时喷射；（b）分组喷射；（c）顺序喷射

二、电控汽油喷射系统的主要部件

电控汽油喷射系统的燃油系统由汽油箱、电动汽油泵、汽油滤清器、燃油分配管、油压调节器、喷油器、冷起动喷嘴和输油管等组成，如图 6-4 所示，有的还设有油压脉动缓冲器。

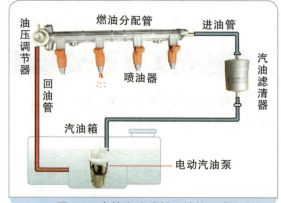

图 6-4 电控汽油喷射系统的组成

1. 燃油箱

燃油箱（图 6-5）的作用是储存汽油，在一般车辆中燃油箱一般做成简单的方形或圆柱体形状，但轿车燃油箱为了适应整车外观造型及车架的需要，往往做成比较复杂的形状，油箱体一般采用薄钢板冲压焊接而成，为了提高其强度，其表面往往冲压成加强筋形式。油箱体上设有加油口和加油管，管内装有用金属网制成的滤网。为了防止汽车振动带来的燃油振荡，箱内装有隔板。油箱顶面装有输油管及油面传感器。

在密闭的油箱中，当汽油输出而油面降低时，箱内将产生一定的真空度，真空度过大时汽油将不能被汽油泵吸出而影响发动机的正常工作；另外，在外界温度高的情况下，汽油蒸气过多，将使箱内压力过大。这两种情况都要求油箱能在必要时与大气相通。为此，一般采用装有空气阀和蒸气阀的油箱盖。油箱盖内有垫圈用以封闭加油管口。当箱内汽油减少，压力降低到 0.098 MPa 以下时，空气阀被大气压开，空气便进入油箱内，使汽油泵能正常供油。当油箱内汽油蒸气过多，其压力大于 0.11 MPa 时，蒸气阀被顶开，汽油蒸气泄出，以保持油箱内的正常压力。

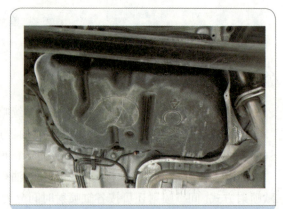

图 6-5 燃油箱

2. 电动汽油泵

电动汽油泵的作用是将汽油从油箱内吸出，供给喷油器。

电动燃油泵

汽油泵的安装形式有两种：一种是安装在油箱外输油管路中的外装式，另一种是安装在油箱内的内装式。内装式浸泡在燃油里（图6-6），这样可以防止产生气阻和燃油泄漏，且噪声小，目前应用广泛。

在电控汽油喷射系统中应用的电动汽油泵通常有两种类型，即滚柱式电动汽油泵和叶片式电动汽油泵。

图6-6 内装式汽油泵

1）滚柱式电动汽油泵

滚柱式电动汽油泵如图6-7所示。泵壳的一端是进油口，另一端是出油口。带滚柱泵的转子偏心地安装在泵体内由电动机驱动，滚柱装在转子的凹槽中。当油泵旋转时，由于离心力的作用，转子槽内的滚子向外移动，紧压在泵体壁面上。滚柱随转子一同旋转时，泵腔容积发生变换，进油口一侧的工作腔容积增大，成为低压吸油腔，汽油经进油口被吸入工作腔内。在出油口一侧的工作腔容积减小，成为高压油腔，高压汽油从高压油腔经出油口流出。油泵出油口处有一单向阀，在油泵不工作时阻止燃油倒流回燃油箱，若因汽油滤清器堵塞等原因使油泵出油口一侧油压过高，则与油泵一体的限压阀即被顶开，使部分燃油回到进油口一侧，以保护电动汽油泵。

滚柱式电动汽油泵运转时噪声较大，泵油压力脉动大，使用寿命较短，现代汽车越来越多地采用叶片式电动汽油泵。

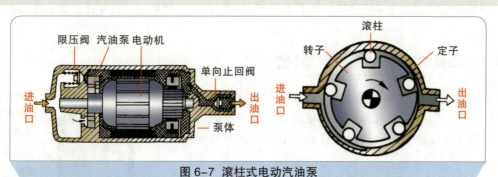
图6-7 滚柱式电动汽油泵

2）叶片式电动汽油泵

叶片式电动汽油泵如图6-8所示。叶轮是一个圆形平板，周围开有小槽，形成叶片。当叶轮旋转时，小槽内的汽油随同叶轮一同高速旋转。由于离心力的作用，出口处油压增高，而在进口处产生真空，从而使汽油从进口吸入，从出口泵出。叶片式电动汽油泵泵油量大，噪声小，油压脉动小，叶片磨损小，使用寿命长。

在出油口还设置有一个单向阀，当油泵停转后，油路内燃油仍保持一定压力，减少气阻现象，以便于发动机重新起动。为了防止油压过高，设置有限压阀，当出口侧压力超过一定值时，限压阀打开，高压燃油流回油箱。

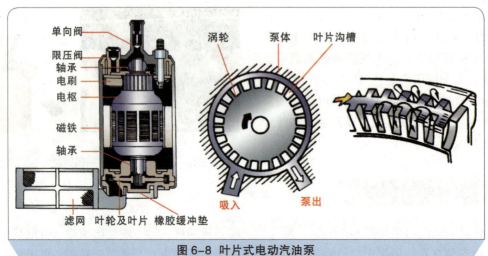

图 6-8 叶片式电动汽油泵

3. 汽油滤清器

汽油滤清器的作用是清洁汽油，将汽油中的水分和杂质滤除。汽油滤清器安装在汽油泵之后燃油分配管之前的进油管路上。

汽油滤清器在化油器式和电喷式燃油系统中的区别：使用化油器的汽油发动机，汽油滤清器位于汽油泵进口一侧，工作压力较小，一般采用尼龙外壳；电喷式发动机的汽油滤清器位于汽油泵的出口一侧，工作压力较高，通常采用金属外壳。

汽油滤清器的滤芯多采用滤纸，也有使用尼龙布、高分子材料的。汽油滤清器如图 6-9 所示。

汽油滤清器的技术特点和种类

（1）线式滤纸汽油滤清器：在此类汽油滤清器内部，折叠的滤纸和塑料或金属滤器的两端连接，污油进入后，由滤清器外壁经过层层滤纸过滤后到达中心，洁净的燃油流出。

（2）海螺旋式滤纸汽油滤清器：和线式汽油滤清器不同，它的滤纸是包裹在中心管上的。污油进入后，直接经滤纸过滤后流出。杂质颗粒被滞留在滤纸沟槽内。这种汽油滤清器的性能更卓越，应用于中、高档轿车。

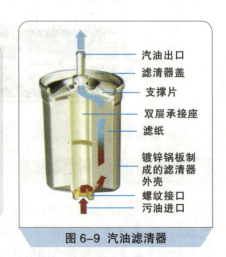

图 6-9 汽油滤清器

4. 燃油分配管

燃油分配管也被称作"共轨"，其功用是将汽油均匀、等压地输送给各缸喷油器。由于它的容积较大，故有储油蓄压、减缓油压脉动的作用。

5. 汽油压力调节器

汽油压力调节器安装在燃油分配总管的一端，油压调节器的功用是使燃油供给系统的压力与进气管压力之差即喷油压力保持恒定。因为喷油器的喷油量除取决于喷油持续时间外，还与喷油压力有关。在相同的喷油持续时间内，喷油压力越大，喷油量越多，反之亦然。所以只有保持喷油压力恒定不变，才能使喷油量在各种负荷下都只唯一地取决于喷油持续时间或电脉冲宽度，以实现电控单元对喷油量的精确控制。

汽油压力调节器实物及结构如图6-10所示。油压调节器壳体内腔被膜片分成两个小室，上室内有一通气管与进气歧管相连，使供油系统中的油压不仅取决于弹簧预紧力，而且还取决于进气歧管内的气体压力，当输入的汽油压力低于弹簧预紧力和进气歧管压力之和时，弹簧紧压在膜片上，使回油阀关闭，油压升高；当输入的汽油压力高于弹簧预紧压力与进气歧管压力之和时，汽油推动膜片向上压缩弹簧，打开回油阀，使部分汽油流回油箱，油路中的油压降低。这样就使喷油压力随进气歧管的压力而变化，从而使喷油压力与进气歧管压力之差保持不变，使喷油压力在不同的节气门开度下保持定值。

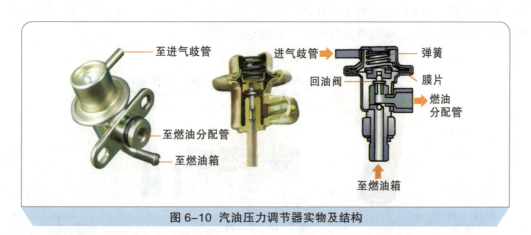

图6-10 汽油压力调节器实物及结构

6. 燃油压力脉动缓冲器

汽油泵泵油、喷油器喷射及油压调节器的回油平面阀的开闭，都将引起燃油管路中油压的脉动和脉动噪声。燃油压力脉动太大使油压调节器的工作失常。

燃油压力脉动缓冲器又称燃油脉动衰减器，其作用是减小燃油管路中因汽油泵运转、喷油器喷射和油压调节器回油阀开闭引起的油压脉动和脉动噪声，并能在发动机停机后保持油路中有一定的压力，以利于发动机重新起动。燃油压力脉动缓冲器如图6-11所示。

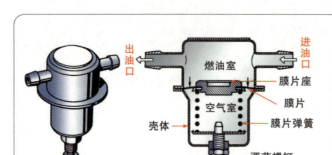

燃油压力脉动缓冲器主要由膜片、弹簧、壳体等组成。

当脉动油压汽油进入缓冲器时,脉动压力通过膜片传给弹簧而被吸收,从而起到缓冲作用,具体动作是:当油压升高时,弹簧被压缩,膜片下移,膜片上方的容积增大,使油压减小;当油压降低时,弹簧伸长,膜片上移,膜片上方的容积减小,使油压升高。

燃油压力脉动缓冲器可安装在回油管或燃油分配管上。

图 6-11 燃油压力脉动缓冲器

 7. 喷油器

1)喷油器的功用

喷油器的功用是按照电控单元的指令将一定数量的汽油适时地以雾状喷入进气道或进气管内,并与其中的空气混合形成可燃混合气。电控汽油喷射系统中都采用电磁式喷油器,如图 6-12 所示。喷油器的通电、断电由电控单元控制。电控单元以电脉冲的形式向喷油器输出控制电流。当电脉冲从零升起时,喷油器因通电而开启;电脉冲回落到零时,喷油器又因断电而关闭。电脉冲从升起到回落所持续的时间称为脉冲宽度。若电控单元输出的脉冲宽度短,则喷油持续时间短,喷油量少;若电控单元输出的脉冲宽度长,则喷油持续时间长,喷油量多。一般喷油器针阀升程约为 0.1 mm,而喷油持续时间在 2～10 ms 范围内。

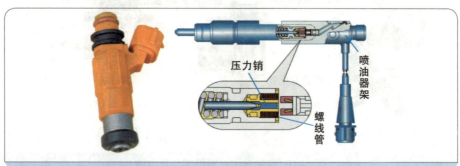

图 6-12 喷油器

2)喷油器分类

汽油喷射系统的喷油器种类繁多,其分类如下:
(1)按用途分:有单点喷射用喷油器和多点喷射用喷油器。
(2)按燃料的进入位置分:有上方供油式和侧方供油式。
(3)按电磁线圈阻值分:有低阻式和高阻式。
(4)按驱动方式分:有电流驱动式和电压驱动式。
(5)按喷口形式分:有孔式和轴针式。

3) 结构及工作原理

（1）轴针式喷油器。轴针式喷油器如图 6-13 所示。喷油器主要由滤网、电磁线圈、针阀、阀体、弹簧、壳体等组成。

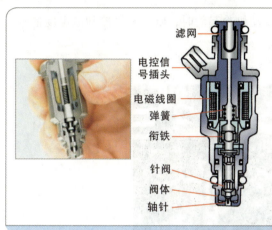

当喷油器的电磁线圈无电流通过时，阀内弹簧将针阀紧压在锥形密封阀座上；当电磁线圈通电时，产生磁场，衔铁被吸引，同衔铁一体的针阀也被一起吸起，喷油口打开，燃油沿通路从喷油口喷出。

喷油器的燃油喷射量取决于针阀升程、喷油孔尺寸、喷油压力、喷油持续时间等，喷油压力由燃油压力调节器调节为恒定值，对于一定形式的喷油器，其喷油量就取决于喷油持续时间，即线圈通电时间。

轴针式喷油器的喷口不易堵塞，但质量较大，动态响应较差。

图 6-13 轴针式喷油器

（2）孔式喷油器。孔式喷油器针阀的前端没有轴针，故针阀不露出喷孔。孔式喷油器的喷孔数为一或两个，阀门一般为锥形或球形（也称球阀式喷油器），其结构如图 6-14 所示。

球阀的阀针是由钢球、导杆和衔铁焊接成的一个整体，其质量只有普通轴针式的一半，且导向杆也较轴针式的短。

孔式喷油器雾化质量较好，响应速度快，缺点是易堵塞。

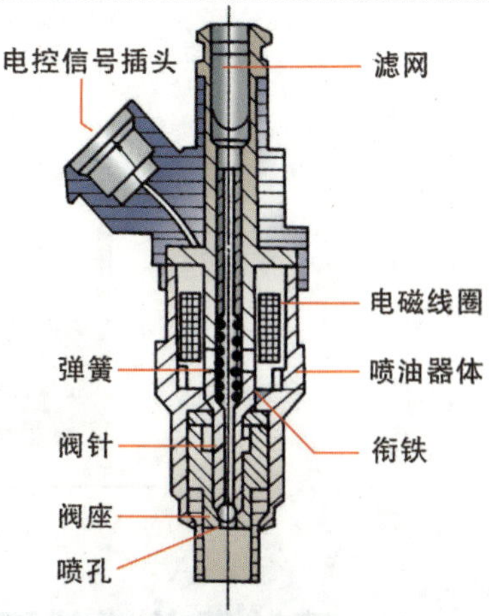

8. 冷起动喷油器

发动机在低温冷起动时，需要极浓的混合气，有些车型的汽油喷射系统在发动机冷起动时，除了通过延长各缸喷油器的喷油时间来增加喷油量外，还在进气总管的中央部位装有冷起动喷油器（又称冷起动阀）。

冷起动喷油器与安装在进气歧管上的各缸喷油器相似，也是一种电磁阀，结构如图 6-15 所示。它主要由电磁线圈、衔铁、弹簧等组成。其中针阀与衔铁制成一体，被弹簧紧压在阀座上。当冷车起动时，电磁线圈通电产生磁场，将衔铁吸起，汽油通过旋流式

图 6-14 孔式喷油器

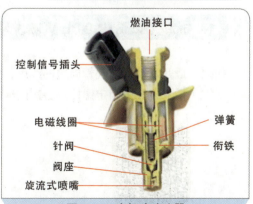

图 6-15 冷起动喷油器

喷嘴喷出。

　　冷起动喷油器的开启持续时间取决于发动机的温度，由热限时开关控制。热限时开关是一个温控开关（图6-16），以螺纹连接方式安装在发动机冷却水路上。热限时开关内部有一对常闭触点，当低温起动发动机时，冷起动喷油器电磁线圈电路导通，同时加热线圈也导通，将双金属片进行加热，双金属片受热后会弯曲变形，当双金属片弯曲到一定程度时，触点打开，冷起动喷油器停止喷油。

　　现在有很多发动机取消了冷起动喷油器，发动机冷起动时，ECU根据冷却液温度信号，延长主喷油器喷油时间，以增加喷油量，加浓混合气。

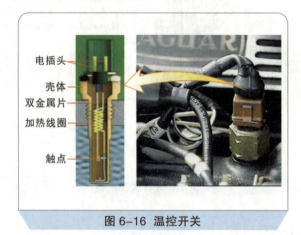

图6-16　温控开关

任务二　燃油系统的拆装

一、喷油器总成的拆装

1. 拆卸（以奇骏2.0L直喷发动机为例）

（1）撬开发动机进气管周边的线束，如图6-17所示。
（2）拆下节气门固定螺栓及旁边的冷却水管，取下节气门，如图6-18所示。

检查与更换喷油器

任务二 燃油系统的拆装

图 6-17 撬开发动机进气管周边的线束

图 6-18 取下节气门

（3）松开进气管螺栓，取下进气管，如图 6-19 所示。

（4）继续拆下点火线圈上的线束接头，并最终取下线束，如图 6-20 所示。

图 6-19 取下进气管

图 6-20 取下线束

（5）拆掉进气管和线束后，供油系统就裸露出来，接下来拆供油系统，如图 6-21 所示。

图 6-21 拆供油系统

141

（6）取下高压油泵、供油导轨总成，拆卸完毕，如图6-22所示。

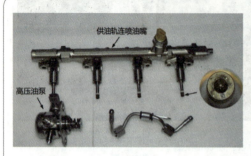

图6-22 拆卸完毕

2. 安装

按拆卸过程的相反步骤安装。

二、电控汽油喷射系统部件的检修

1. 电动汽油泵的检修

1）就车检查电动汽油泵是否工作

（1）打开油箱盖，然后打开点火开关（不要起动发动机），在油箱口处仔细听有无电动汽油泵运转的声音。如在打开点火开关后，能听到电动汽油泵运转3～5s后又停止，说明电动汽油泵工作正常。

（2）若在油箱口处听不清电动汽油泵运转的声音，可以在打开点火开关或起动起动机后，在发动机上方仔细听有无"嘶嘶"的燃油流动声，也可以用手检查进油软管有无压力。如有"嘶嘶"的燃油流动声，或进油软管有压力，说明电动汽油泵工作正常。

2）就车测量电动燃油泵的压力

电动汽油泵能运转，但并不说明其工作完全正常，还应通过测量电动汽油泵的最大供油压力和保持压力来判断其有无泵油压力过低、出油单向阀泄漏等故障。

3）电动燃油泵拆下后的检查

（1）用万用表测量电动燃油泵两接线柱之间的电阻，正常电阻值应为2～3Ω。
（2）用蓄电池电源短时间加在电动汽油泵两接线柱上，应能听到电动汽油泵转子高速转动的声音。

以上检验如有异常，应更换电动汽油泵。

2. 汽油压力调节器的检修

1）系统油压过低的检查

在正常情况下，发动机怠速运行时，汽油压力应上升到一定的值（一般为 300 kPa 左右）。发动机怠速运行时，用包上软布的钳子将油压调节器的回油管夹紧。如油压上升到 400 kPa 以上，说明油压调节器有故障。

发动机怠速运行时，拔下油压调节器上的真空软管，检查燃油压力，此时的燃油压力应比怠速运转时的燃油压力高 50 kPa 左右。如压力变化不符合要求，即说明油压调节器工作不良，应更换。

2）系统油压过高的检查

当油压过高时，首先对系统卸压，拆下油压调节器上的回油管，套上准许的容器，接通点火开关，观察油压调节器的回油量，如回油量少或没有回油，则油压调节器损坏，应更换。

3. 喷油器的检修

1）检查喷油器电磁阀是否动作

发动机热车后使其怠速运转，用螺丝刀或听诊器测听各缸喷油器工作的声音。

（1）在发动机运转时，应能听到喷油器有节奏的"嗒嗒"声，这是喷油器在电脉冲作用下的喷油器工作声（可用拔掉喷油器线束插头后测响声是否消失的方法，来确认是否为喷油器工作的声音）。若各缸喷油器工作声音清脆均匀，则说明各喷油器工作正常。

（2）若某缸喷油器的工作声音很小，则说明该喷油器工作不正常，可能是针阀卡滞，应做进一步的检查。

（3）若听不见某缸喷油器的工作声音，说明该喷油器不工作。对此，应检查喷油器控制线路或测量喷油器电磁线圈电阻。若控制线路及电磁线圈正常，则说明喷油器针阀完全卡死，应更换喷油器。

2）喷油器电磁线圈电阻的测量

拔下喷油器线束插头，用万用表测量喷油器两接线柱间电阻值，如正常，应能导通，其电阻应为 12～16 Ω（高阻抗型）或 3～5 Ω（低阻抗型）。

3）性能测试

（1）在检测喷油器工作性能前，先进行喷油器超声波清洗。将喷油器放入超声波清洗池（图6-23），在控制面板设定"超声波清洗"功能进行超声波清洗，时间为 10 min。

（2）喷油器工作性能的检测主要包括均匀性检测、雾化性检测、密封性检测、喷油量检测等。

图6-23 喷油器的清洗

雾化检测

超声波清洗完后，关闭超声波清洗器电源，将喷油器接在分油器支架偶件上，在控制面板上设置压力、转速、脉冲、时间等工作范围，按"运行"键，观看每个喷油器喷油雾化是否良好、是否有直线射流现象，若否则需更换喷油器，如图6-24所示。

图6-24 雾化性检测

密封性检测

在控制面板设定相关参数后，检测喷油器，在1min之内至多漏油两滴，否则应更换。

喷油量检测

在控制面板上设定相关的参数，检测喷油器在设定时间内喷油量是否一致，如相差太多，则应更换喷油器。

课题小结

（1）汽油机燃油系统的功用是向发动机供给一定数量的、清洁的、雾化良好的汽油，同时还需要储存相当数量的汽油。有两种类型：化油器式燃油系统和汽油喷射式燃油系统。

（2）化油器是化油器式燃油系统汽油机供给系统的核心，它由简单化油器、主供油系统、怠速系统、加浓系统、加速系统、启动系统等部分组成。

（3）汽油喷射系统是利用喷油器将一定数量的汽油直接喷入气缸或进气管道内的汽油机燃油供给装置。由汽油箱、电动汽油泵、汽油滤清器、燃油分配管、汽油压力调节器、喷油器、冷起动喷嘴和输油管等组成。

一、填空题

1. 现在的电控汽油发动机的燃油供给系统一般由 _____、_____、_____、_____ 和 _____ 组成。

2. 根据汽油的喷射位置，汽油喷射系统可分为 _____ 和 _____，进气管喷射又分为 _____ 和 _____。

二、判断题

1. 发动机在中小负荷范围内工作时，要求化油器能随着节气门开度的增大供给由浓变稀的混合气。（   ）

2. 高电阻式喷油器的电阻值一般为 100Ω 左右。（   ）

3. 燃油压力调节器作用是使燃油分配管内压力保持不变，不受节气门开度的影响。（   ）

4. 电动汽油泵安装在汽油箱内，由发动机凸轮轴上的偏心轮驱动。（   ）

5. 汽油箱的结构一般采用带有空气阀和蒸气阀的油箱盖，是为防止汽油蒸气漏入大气中。（   ）

6. 燃油供给装置，拆卸油管前首先应泄压，以防止较高压力的燃油喷洒出来引起火灾。（   ）

7. 喷油器喷油量的多少取决于通电时间的长短。（   ）

8. 高电阻式喷油器的电阻值一般为 100Ω。（   ）

9. 目前大多数电动汽油泵是装在邮箱内部的。（   ）

10. 油箱外置型电动燃油泵安装在油箱外，并联在输油管上。（   ）

三、选择题

1. 电动汽油泵单向阀的设置是为了（   ）。
 A. 防止管路内油压过高　　　　　B. 便于发动机下一次起动
 C. 防止管路内油压过低　　　　　D. 防止气阻

2. 发动机电控燃油喷射系统按喷射方式分为（　）喷射两种。
   A. 缸内和缸外　　　　　　B. 缸内和进气管
   C. 间歇和连续　　　　　　D. 机械和电子
3. 单点汽油喷射系统中的喷油器（　）。
   A. 装于进气总管的接口上　B. 装于节气门下方
   C. 装于进气门上方　　　　D. 喷嘴伸入燃烧室内
4. L型电控汽油喷射系统中的喷油器数（　）。
   A. 等于气缸数　　　　　　B. 大于气缸数
   C. 少于气缸数　　　　　　D. 不一定
5. 发动机燃油喷射系统按喷射方式分为（　）喷射两种。
   A. 缸内和缸外　　　　　　B. 缸内和进气管
   C. 间隙和连续　　　　　　D. 机械和电子
6. 汽油缸内喷射系统中无（　）。
   A. 供油模块　　　　　　　B. 高压油泵
   C. 冷起动喷油器　　　　　D. 燃油压力控制阀
7. 燃油喷射系统中使用的电动汽油泵有外装式和（　）两种。
   A. 涡轮式　　　　　　　　B. 内装式
   C. 叶片式　　　　　　　　D. 齿轮式
8. 根据汽油喷射方式的不同，汽油喷射可分为连续喷射和（　）喷射两种。
   A. 间隙　　　　　　　　　B. 同时
   C. 分组　　　　　　　　　D. 顺序
9. 在多点汽油喷射系统中，喷油器的喷油量主要取决于喷油器的（　）。
   A. 针阀升程　　　　　　　B. 喷孔大小
   C. 内外压力差　　　　　　D. 针阀开启的持续时间

四、简答题

1. 名词解释：空燃比。

2. 简述电控燃油喷射系统中燃油供给装置的工作过程。

3. 在供油系统中，为什么设有压力调节器？它是怎样工作的？

4. 喷油器的检修过程是怎样的？

5. 简述燃油喷射系统的分类方法。

课题七

进、排气系统的构造与拆装

[学习任务]

1. 了解进、排气系统的功用与组成。
2. 掌握进、排气系统各零部件的功用与结构。
3. 掌握各种排气净化装置的结构与原理。

[技能要求]

1. 能够拆装或更换空气滤清器。
2. 掌握节气门的拆装方法和步骤。
3. 掌握进气歧管的拆装方法和步骤。
4. 掌握排气管的拆装方法和步骤。

任务一 进、排气系统的认识

一、进气系统

1. 进气系统的功用与组成

功用：进气系统的功用是尽可能多、尽可能均匀地向各缸供给可燃混合气或纯空气。
组成：进气系统由空气滤清器、进气管、谐振腔、进气歧管、节气门等组成。

1) 空气滤清器

功用：空气滤清器的功用主要是滤除空气中的杂质或灰尘，使进气洁净，减少气缸磨损。另外，空气滤清器也有降低进气噪声的作用。

组成：空气滤清器一般由空气滤清器盖、外壳和滤芯等组成，如图7-1所示。

分类：空气滤清器按结构的不同可以分为油浴式、离心式、干式等，如图7-2所示。

图 7-1 空气滤清器

（a）

（b）

（c）

油浴式空气滤清器用于在多尘条件下工作的发动机上，如越野车发动机。

优点：滤芯需定期清洗，可长期使用。

离心式空气滤清器多用于大型载货汽车上。在许多自卸车或矿山用汽车上还使用离心式与纸滤芯式相结合的双级复合式空气滤清器。

干式空气滤清器由纸滤芯制成。可以反复使用，轻型纸材空气滤清器，通常用于客车和小型皮卡车。

图 7-2 各种空气滤清器
（a）油浴式；（b）离心式；（c）干式

2) 空气滤清器进气导流管

在现代轿车上，为了增强发动机的谐振进气效果，在空气滤清器前有一个空气滤清器进气导流管，如图7-3所示。空气滤清器进气导流管需要有较大的容积，但是导流管不能太粗，以保证空气在导流管内有一定的流速，因此，进气导流管只能做得很长。较长的进气导流管有利于实现从车外吸气。因为车外空气温度一般比发动机罩下的温度低30℃左右，所以从车外吸入空气密度可增大近10%，燃油消耗率可降低3%。

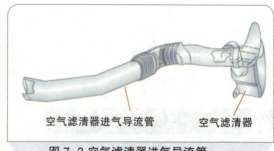

图 7-3 空气滤清器进气导流管

3) 进气管

进气管位于空气滤清器与进气歧管之间，如图7-4所示。为了提高发动机的充气效率，通常按有效利用进气压力波的原理设计进气总管的长度、形状和结构。

在电控燃油喷射式发动机中，进气管还装有空气流量计（或进气压力传感器），以便对进入气缸的空气量进行计量。

4）谐振腔

某些类型的发动机在进气道上使用了谐振腔。其作用是降低进气系统中产生的进气噪声。谐振腔实物如图7-5所示。

5）进气歧管

进气歧管是一个由总管和若干歧管构成的整体管件，如图7-6所示。其作用是将进气均匀地分配到各个气缸。

对于节气门体汽油喷射式发动机，进气歧管指的是节气门体之后到气缸盖进气道之前的进气管路。它的功用是将空气、燃油混合气由节气门体分配到各缸进气道。对于节气门体燃油喷射式发动机进气歧管来说，需要进行适当加热，以防汽油在管壁上凝结。通常进气歧管利用发动机排气或循环冷却液进行加热。

对于气道燃油喷射式发动机或柴油机，进气歧管只是将洁净的空气分配到各缸进气道。进气歧管必须将空气-燃油混合气或洁净空气尽可能均匀地分配到各个气缸，为此进气歧管内气体流道的长度应尽可能相等。为了减小气体流动阻力，提高进气能力，进气歧管的内壁应该光滑。气道燃油喷射式发动机的进气歧管无须加热。

图7-4 进气

图7-5 谐振腔

图7-6 进气歧管

2. 谐振进气系统

由于进气过程具有间歇性和周期性，致使进气歧管内产生一定幅度的压力波。此压力波以当地声速在进气系统内传播和往复反射。如果利用一定长度和直径的进气歧管与一定容积的谐振室组成谐振进气系统（图7-7所示），并使其固有频率与气门的进气周期调谐，那么在特定的转速下，就会在进气门关闭之前，在进气歧管内产生大幅度的压力波，使进气歧管的压力增高，从而增加进气量。这种效应称作进气波动效应。谐振进气系统的优点是没有运动件，工作可靠，成本低。

但其只能增加特定转速下的进气量和发动机转矩。

3. 可变进气歧管

为了充分利用进气波动效应和尽量缩小发动机在高、低速运转时进气速度的差别，从而达到改善发动机经济性及动力性特别是改善中、低速和中、小负荷时的经济性和动力性的目的，要求发动机在高转速、大负荷时装备粗短的进气歧管；而在中、低转速和中、小负荷时配用细长的进气歧管。可变进气歧管就是为适应这种要求而设计的。可变进气歧管工作示意图如图7-8所示。

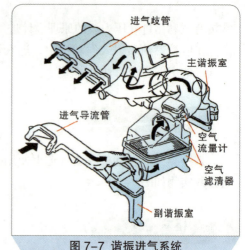

图7-7 谐振进气系统

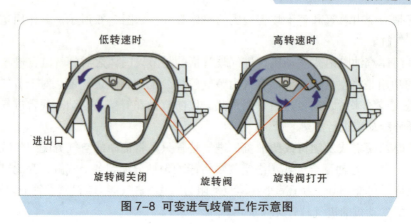

图7-8 可变进气歧管工作示意图

二、排气系统

1. 排气系统的功用与组成

功用：排气系统的功用是尽可能多地把燃烧后的废气排出气缸。

组成：排气系统由排气歧管、排气管、排气消声器、谐振腔、排气净化装置、排气尾管等组成。

分类：根据发动机排气管数可分为单排气系统和双排气系统，如图7-9所示。直列型发动机一般采用单排气系统；V形发动机有采用单排气系统的，也有采用双排气系统的。

（1）直列型发动机在排气行程期间，气缸中的废气经排气门进入排气歧管，再由排气歧管进入排气管、催化转换器和消声器，最后由排气尾管排到大气中。这种排气系统称作单排气系统。

（2）V形发动机有两个排气歧管，在大多数装配V形发动机的汽车上仍采用单排气系统，即通过一个叉形管将两个排气歧管连接到一个排气管上。来自两个排气歧管的废气经同一个排气管、同一个消声器和同一个排气尾管排出。但有些V形发动机采用两个单排气系统，即每个排气歧管各自都连接一个排气管、催化转换器、消声器和排气尾管。这种布置形式称作双排气系统。双排气系统降低了排气系统内的压力，使发动机排气更为顺畅，气缸中残余的废气较少，因而可以充入更多的空气－燃油混合气或洁净的空气，使得发动机的功率和转矩都相应地有所提高。

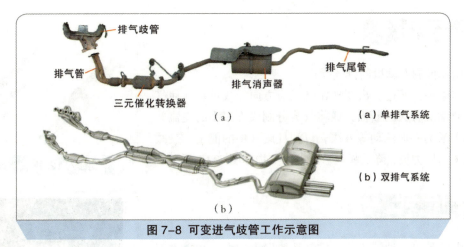

图 7-8 可变进气歧管工作示意图

(a) 单排气系统；(b) 双排气系统

1) 排气歧管

排气歧管与发动机缸盖相连，废气从排气门出来直接进入排气歧管。排气歧管由铸铁管或钢管制成，可以承受温度的快速升高和爆炸。排气歧管实物如图 7-10 所示。

图 7-10 排气歧管

2) 排气管

排气系统收集从每个燃烧室出来的高温气体，然后将其送至汽车尾部排放掉。排气管是一根连接管，它位于排气歧管和消声器或催化转换器之间。排气管可以是单管，也可以是双管。

3) 三元催化转换器

三元催化转换器安装在排气管中部，其功能是利用转换器中的三元催化剂，将发动机排出废气中的有害气体转变为无害气体。

三元催化转换器一般为整体不可拆卸式，如图 7-11 所示。目前，三元催化转换器内装用的三元催化剂一般为铂（或钯）与铑贵重金属的混合物。

根据催化剂载体的结构特点，三元催化转换器可分为颗粒型和蜂巢型两种类型，前者将催化剂沉积在颗粒状氧化铝载体表面，后者将催化剂沉积在蜂巢状氧化铝载体表面，氧化铝表面有形状复杂的表层，可增大催化剂与废气的实际接触面积。

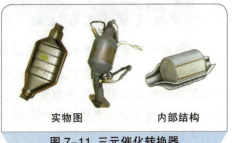

实物图　　内部结构

图 7-11 三元催化转换器

4) 排气消声器

作用：抑制发动机的排气噪声。

工作原理：通过多次变动排气气流方向，或重复地使气流通过收缩又扩大的断面，或将气流分割成许多小的支流并沿着不平滑的平面流动等方法，以消耗废气中的能量，衰减排气气流的压力波，降低噪声。消声器实物如图7-12所示。

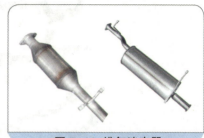

图 7-12 排气消声器

5) 谐振腔

谐振腔是另一种消声器。排气系统发出的大多数噪声都由振动引起，这些振动导致了较大的噪声。谐振腔的作用是吸收额外的声振动。谐振腔实物如图7-13所示。

图 7-13 谐振腔

6) 排气尾管

排气尾管的作用是将废气从消声器或谐振腔中输送到汽车尾部。尾管由一系列挂钩支撑，使排气系统在汽车行驶时可以弯曲和移动。

三、排气净化装置

汽车排放的污染物主要有一氧化碳（CO）、碳氢化合物（HC）、氮氧化合物（NOx）和微粒。CO是燃油的不完全燃烧产物，是一种无色、无臭的气体，它与血液中血红素的亲和力是氧气的300倍，因此当人吸入CO后，血液吸收和运送氧的能力降低，导致头晕、头痛等中毒症状；NO_x主要是指NO和NO_2，产生于燃烧室内高温富氧环境，空气中NO_x浓度在$10\times10^{-6} \sim 20\times10^{-6}$时可刺激口腔及鼻黏膜、眼角膜等；HC包括未燃烧和未完全燃烧的燃油和机油蒸气；微粒主要是指柴油机排气中的炭烟。为降低污染物的排放，汽车上装备了各种排气净化装置。

1. 恒温进气系统

恒温进气系统也称进气温度自动调节系统，如图7-14所示。它是由空气加热装置（又称热炉）和安装在空气滤清器进气导流管上的控制装置构成的恒温进气系统，多用于化油器式或节气门体喷射式发动机。

当发动机冷起动之后，在怠速或小节气门开度下工作时，由于温度低，须供给发动机浓混合气以保持其稳定运转。但浓混合气燃烧不完全，排气中CO和HC较多。若供给稀混合气，虽然

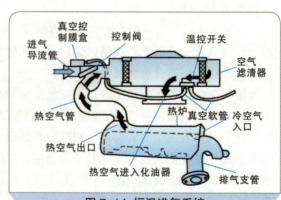

图 7-14 恒温进气系统

可以减少有害气体的排放，但在低温下发动机不能稳定运转。恒温进气系统的功用就是在发动机冷起动之后，向发动机供给热空气，这时即使供给的是稀混合气，热空气也能促使汽油充分汽化和燃烧，从而既减少 CO 和 HC 的排放，又改善发动机低温运转性能。当发动机温度升高后，恒温进气系统向发动机供给未经加热的环境空气。

2. 二次空气喷射系统

很多汽车发动机装有二次空气喷射系统。虽然二次空气喷射系统有各种各样的结构，但其功用基本相同，即利用空气泵将新鲜空气经空气喷管喷入排气道或催化转换器，使排气中的 CO 和 HC 进一步氧化或燃烧成为二氧化碳和水。

3. 催化转换器

催化转换器是利用催化剂的作用将排气中的 CO、HC 和 NO_x 转换为对人体无害的气体的一种排气净化装置，也称作催化净化转换器。金属铂、钯或铑均可作催化剂。在化学反应过程中，催化剂只促进反应的进行，不是反应物的一部分。

催化转换器有氧化催化转换器和三元催化转换器两种，如图 7-15 所示。氧化催化转换器只将排气中的 CO 和 HC 氧化为二氧化碳和水，因此这种催化转换器也称作二元催化转换器。必须向氧化催化转换器供给二次空气作为氧化剂，才能使其有效地工作。三元催化转换器可同时减少 CO、HC 和 NO_x 的排放，它以排气中的 CO 和 HC 作为还原剂，把 NO_x 还原为氮和氧，而 CO 和 HC 在还原反应中被氧化为二氧化碳和水，三元催化转换器装置示意图如图 7-16 所示。

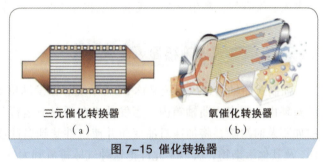

图 7-15 催化转换器

（a）三元催化转换器；（b）氧化催化转换器

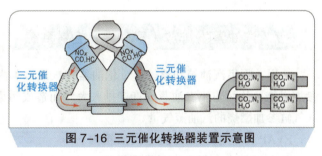

图 7-16 三元催化转换器装置示意图

当同时采用两种转换器时，通常把两者放在同一个转换器外壳内，而且三元催化转换器置于氧化催化转换器前面。排气经过三元催化转换器之后，部分未被氧化的 CO 和 HC 继续在氧化催化转换器中与供入的二次空气进行氧化反应。

4. 废气再循环（EGR）系统

废气再循环是指把发动机排出的部分废气回送到进气歧管，并与新鲜混合气一起再次进入气缸，废气再循环（EGR）系统如图 7-17 所示。由于废气中含有大量的 CO_2，而 CO_2 不能燃烧却吸收大量的热，因此气缸中混合气的燃烧温度降低，从而减少了 NO_x 的生成量。废气再循环是净化排气中 NO_x 的主要方法。在新鲜的混合气中掺入废气之后，混合气的热值降低，致使发动机的有效功率下降。为了做到既能减少NO_x的排放，又能保持发动机的动力性，必须根据发动机运转的工况对再循环的废气量加以控制。NO_x的生成量随发动机负荷的增大而增多，因此，再循环的废气量也应随负荷而增加。在暖机期间或急速时，NO_x生成量不多，为了保持发动机运转的稳定性，不进行排气再循环。在全负荷或高转速下工作时，为了使发动机有足够的动力性，也不进行废气再循环。

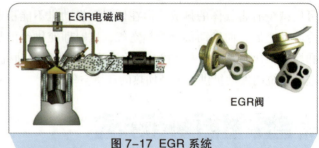

图 7-17 EGR 系统

5. 柴油机微粒过滤器

微粒是柴油机排放的突出问题。对车用柴油机排气微粒的处理，主要采用过滤法。微粒过滤器的滤芯由多孔陶瓷制造，它有较高的过滤效率。排气穿过多孔陶瓷滤芯进入排气管，而微粒则滞留在滤芯上。过滤器工作一段时间后，需及时清除积存在滤芯上的微粒，以恢复过滤器的工作能力和减小排气阻力。为此，在过滤器入口处设置一个燃烧器，通过喷油器向燃烧器内喷入少量燃油，并供入二次空气，利用火花塞或电热塞将其点燃，将滞留在滤芯上的微粒烧掉。

6. 强制式曲轴箱通风系统

强制式曲轴箱通风系统又称 PCV 系统。在发动机工作时，会有部分可燃混合气和燃烧产物经活塞环由气缸窜入曲轴箱内。当发动机在低温下运行时，还可能有液态燃油漏入曲轴箱。这些物质如不及时清除，将加速机油变质并使机件受到腐蚀或锈蚀。又因为窜入曲轴箱内的气体中含有 HC 及其他污染物，所以不允许把这种气体排放到大气中。现代汽车发动机所采用的强制式曲轴箱通风系统就是防止曲轴箱气体排放到大气中的净化装置。

7. 汽油蒸发排放（EVAP）控制系统

功用：收集汽油箱和浮子室（化油器式汽油机）内蒸发的汽油蒸气，并将汽油蒸气导入气缸参加燃烧，从而防止汽油蒸气直接排入大气而造成污染。同时，还必须根据发动机工况，控制导入气缸参加燃烧的汽油蒸气量。

EVAP 控制系统是为防止汽油箱内的汽油蒸气排入大气产生污染而设的，在装有 EVAP 控制系统的汽车上，汽油箱盖上只有空气阀，而不设蒸气放出阀。EVAP 控制系统示意图如图 7-18 所示。

工作原理：活性炭罐与油箱之间设有排气管和单向阀，汽油箱内的汽油蒸气超过一定压力时，顶开单向阀经排气管进入活性炭罐，活性炭罐内的活性炭

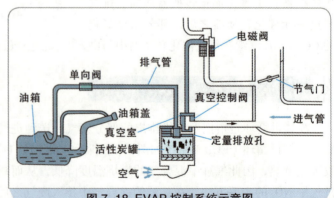

图 7-18 EVAP 控制系统示意图

将燃油蒸气吸附在炭罐内。发动机工作时，活性炭罐内的汽油蒸气经定量排放孔、吸气管被吸入进气管。活性炭罐的上端设有一个真空控制阀，真空控制阀为一膜片阀，膜片上方为真空室，控制阀用来控制定量排放孔的开闭。真空控制阀与进气管之间的真空管路中设有受 ECU 控制的电磁阀，用以调节真空控制阀上方真空室的真空度，改变真空控制阀的开度，从而控制吸入进气管的汽油蒸气量。为防止活性炭罐内的燃油蒸气被吸入进气管后使混合气变浓，活性炭罐下方设有进气滤芯并与大气相通，使部分清洁空气与活性炭罐内的燃油蒸气一起被吸入进气管。

任务二　进、排气系统的拆装

一、空气滤清器的拆装

（1）松开滤清器锁扣，用抹布擦拭空气滤清器外部，防止杂质掉入里面，如图 7-19 所示。

（2）取出滤芯，如图 7-20 所示。

图 7-19　擦拭空气滤清器外部

图 7-20　取出滤芯

更换空气滤清器

（3）清洁滤芯时用空气压缩机从滤芯内侧开始，上下均匀地沿斜角方向吹净滤芯内外表面的灰尘，如图 7-21 所示。

（4）如果没有压缩空气，可用木棒轻轻敲打滤芯，再用毛刷刷净外部污垢。注意：不得用大力敲打或碰撞滤芯。

（5）检查空气滤清器清洁情况，如太脏，应更换，如图 7-22 所示。

图 7-21　清洁滤芯

图 7-22　检查清洁情况

（6）安装好的空气滤清器应完好无损，密封良好，如图7-23所示。

（7）安装牢固，如图7-24所示。

二、节气门的拆装

1. 拆卸（以科鲁兹发动机为例）

（1）将车辆停放好，拉起驻车制动，打开发动机舱盖，如图7-25所示。

（2）安装防护垫，如图7-26所示。

图7-23 安装好的空气滤清器

图7-24 安装牢固

图7-25 打开发动机舱盖

图7-26 安装防护垫

（3）松开进气软管上的螺栓，取下进气软管，如图7-27所示。

图7-27 取下进气软管

（4）拆下曲轴强制通风管，如图7-28所示。

图7-28 拆下曲轴强制通风管

(5)拆卸进出水管,如图7-29所示。

图7-29 拆卸进出水管

(6)拔出节气门线束插头,如图7-30所示。
(7)拧下节气门体的紧固螺栓,如图7-31所示。

图7-30 拔出节气门线束插头　　图7-31 拧下节气门体紧固螺栓

(8)取出节气门总成,如图7-32所示。

图7-32 取出节气门总成

2. 安装

按拆卸过程的相反步骤安装。

注意:安装完毕后,应起动发动机检查节气门工作情况,如需匹配的应用诊断电脑将节气门与发动机电脑进行匹配。

三、进气歧管的拆装

1. 拆卸（以科鲁兹发动机为例）

（1）用套筒工具松开燃油导轨固定螺栓，如图 7-33 所示。
（2）取下燃油导轨，如图 7-34 所示。

图 7-33 松开燃油导轨固定螺栓

图 7-34 取下燃油导轨

（3）松开节气门固定螺栓，如图 7-35 所示。
（4）取下节气门体，如图 7-36 所示。

图 7-35 松开节气门固定螺栓

图 7-36 取下节气门体

（5）松开进气歧管固定螺栓，如图 7-37 所示。
（6）取下进气歧管，如图 7-38 所示。

图 7-37 松开进气歧管固定螺栓

图 7-38 取下进气歧管

2. 安装

按拆卸过程的相反步骤安装。

四、排气管的拆装

1. 拆卸（以科鲁兹发动机为例）

（1）松开机油尺导管固定螺栓，如图 7-39 所示。
（2）取下机油导管及机油尺，如图 7-40 所示。
（3）用活动扳手拧开氧传感器，如图 7-41 所示。

图 7-39 松开机油尺导管固定螺栓

图 7-40 取下机油导管及机油尺

图 7-41 用活动扳手拧开氧传感器

（4）取下氧传感器，如图 7-42 所示。
（5）松开排气管固定螺栓，如图 7-43 所示。
（6）取下排气管，如图 7-44 所示。

图 7-42 取下氧传感器

图 7-43 松开排气歧管固定螺栓

图 7-44 取下排气管

2. 安装

按拆卸过程的相反步骤安装。

课题小结

（1）进气系统的功用是尽可能多、尽可能均匀地向各缸供给可燃混合气或纯空气。进气系统由空气滤清器、进气管、谐振腔、进气歧管等组成。

（2）排气系统的功用是尽可能多地把燃烧后的废气排出气缸。排气系统由排气歧管、排气管、排气消声器、谐振腔、排气净化装置、排气尾管等组成。

（3）三元催化转换器安装在排气管中部，其功能是利用转换器中的三元催化剂，将发动机排出的废气中的有害气体转变为无害气体。废气再循环是指把发动机排出的部分废气回送到进气歧管，并与新鲜混合气一起再次进入气缸。汽油蒸发排放控制系统是收集汽油箱和浮子室（化油器式汽油机）内蒸发的汽油蒸气，并将汽油蒸气导入气缸参加燃烧，同时还控制导入气缸参加燃烧的汽油蒸气量。

一、填空题

1. 排气消声器的作用是_____从排气管排出废气的_____，以消除_____。
2. 催化反应器损坏的原因经常是_____、炭烟、焦油等引起的，因此，应使用无铅汽油。
3. 二次空气喷射装置向排气净化系统喷入_____，促进 HC、CO 的_____，达到废气净化的目的。
4. 废气再循环控制把发动机排出的一部分_____引入进气系统中，与混合气一起进入气缸中燃烧，降低气缸内_____，减少_____的生成。
5. 汽车排气系统由_____、_____、_____、_____、_____和排气尾管组成。
6. 三元催化转换器正常起作用是以减少_____的排放。

二、判断题

1. 废气再循环控制系统（EGR）主要是为了减少 NO_x 的生成量。（　　）
2. 燃油蒸气回收装置的作用是防止从油箱内排除的燃油蒸气对大气的污染。（　　）
3. 在所有的 EVAP 系统中，活性炭罐上都设有真空控制阀。（　　）
4. 气缸内的温度越高，排出的 NO_x 量越多。（　　）
5. 三元催化转换器一般为整体不可拆卸。（　　）
6. HC 包括未燃烧和未完全燃烧的燃油、润滑油及其裂解产物和部分氧化物。（　　）
7. 废气再循环的作用是减少 HC、CO 和 NO_x 的排放量。（　　）
8. 发动机温度过高不会损坏三元催化转换器。（　　）

三、选择题

1. 对废气起着净化作用的重要部件是（　　）。
   A．排气消声器　　　B．涡轮增压器及增压器　　　C．三元催化转换器

2. 废气再循环控制主要是为了减少（　　）。
   A. NO_x B. CO
   C. CH D. SO_2
3. 行驶时（　　）排放量最多，（　　）排放量最少。
   A. NO_x HC B. NO_x CO
   C. HC CO D. CO HC
4. 减速是（　　）排放量最少，（　　）排放量显著增加。
   A. NO_x HC B. NO_x CO
   C. HC CO D. CO HC
5. 发动机过热将使（　　）。
   A. EGR 系统工作不良 B. 燃油蒸发量急剧增多
   C. 三元催化转换器容易损坏 D. 曲轴箱窜气增加
6. 在（　　）时废气再循环控制系统不工作。
   A. 行驶 B. 怠速
   C. 高转速 D. 热车
7. 采用三元催化转换器必须安置（　　）。
   A. 前氧传感器 B. 后氧传感器
   C. 前、后氧传感器 D. 都错
8. 如果三元催化转换器良好，后氧传感器信号波动（　　）。
   A. 频率高 B. 增加
   C. 没有 D. 缓慢

四、简答题

1. 什么是废气再循环系统？它的作用是什么？

2. 空气滤清器的功用是什么？

3. 为什么汽车发动机要安装排气消声器？排气消声器的原理是什么？

4. 在什么情况下不进行废气再循环？为什么？

5. 炭罐底部的滤网堵塞对发动机的运转或性能有何影响？

参 考 文 献

［1］陈瑜．汽车发动机构造与拆装（第3版）［M］．北京：人民交通出版社，2019．
［2］上海景格科技股份有限公司．汽车发动机构造与拆装［M］．上海：华东师范大学出版社，2018．
［3］郭春启，等．汽车发动机构造与拆装［M］．北京：清华大学出版社，2018．
［4］李波．汽车发动机构造与拆装［M］．北京：北京邮电大学出版社，2017．
［5］陈德阳．汽车发动机构造与拆装［M］．北京：人民交通出版社，2017．
［6］杨萌萌．汽车发动机构造与拆装［M］．重庆：重庆大学出版社，2019．
［7］邵健萍．汽车发动机构造·检测·拆装·维修［M］．北京：化学工业出版社，2016．
［8］郭兆松．汽车发动机构造与维修［M］．武汉：华中科技大学出版社，2018．
［9］羌春晓．汽车发动机构造与维修（第二版）［M］．北京：中国劳动社会保障出版社，2015．
［10］石社轩．汽车发动机构造与维修［M］．北京：机械工业出版社，2015．